꿈을 위해 계획하고 실천하세요!

KB082252

표지에 사용된 색은
Red : OMEGA 오메가의 Red
Green : ROLEX 롤렉스의 Green
Blue : MONT BLANC 몽블랑의 royal Blue
Orange : HERMES 에르메스의 Hermes Orange
입니다.

머리말

공부는 저력이 있다. 다양한 꿈을 도전할 수 있는 선택의 폭을 넓혀준다. 공부는 실력과 함께 인성교육의 큰 틀이며 척도라는 생각된다.

시골 학생들에게 어떻게 하면 좋은 교육을 할까 고민을 했다. 그래서 기본부터 다지는 방법을 고민하고 효과적이라 생각되는 교육방법을 도입했다. 연구는 계속 되었다. 교직을 시작한 처음 6년의 시간과 학교를 옮기고 2년의 추가 적인 시간이 지났다. 그리고 학생들의 의대 진학을 위한 본격적인 교육의 출발점이 시작되었다. 그리고, 6년의 기다림이 지나갔다.

2021년 2명이 의대 진학에 합격하는 기쁨의 결과가 나왔다. 지방 소도시 면단위 시골 초등학교에서 1차 4명, 2차 7명의 졸업생 중 2명이 의대를 진학했다고 하는 것은 운적인 요소 이외에 무엇인가가 특별한 것들이 많이 있다는 것을 의미한다. 이 책을 읽는다면 그것들이 필요해서일 것이다. 그것들이 생각보다 작게 느껴질 수 있다. 그러나 승부는 미세한 것에서 결정된다고 생각한다. 동질의 집단에서 미세한 차이는 결정적인 차이가 되기 때문이다. 여기에 적힌 것들은 시골 초등학교를 졸업하고 도시 학생들과의 공부하는 과정에서 그 차이를 최대한 줄여서 나에게 유리하게 만들려고 노력했던 것들이다.

시골의 특수성이 있다고 생각할 수 있다. 그러나 여기에 소개되는 방법은 필자가 고민한 방법과 도청 소재지가 있는 중심도시에서 얻은 정보들을 비교하고 종합하여 어느 정도의 공신력을 담보로 하여 시골 초등학교에서 교육한 것들이다. 실력과 저력을 키워주려고 한 것이다.

최소한 손해는 없는 것들이라고 생각한다.

공부를 뛰어넘어 삶의 태도들을 만드는 것이다.

〈당부의 말씀〉

글을 쓴다는 것이 생각보다 어렵습니다. 생각을 글로 적어보니, 생각한 의미를 제대로 표현하지 못한 부분들이 나타나기도 합니다. 중요하게 생각하였지만, 반복되거나 표현이 적당하지 않아 마음에 들지 않을 수도 있을 것 같습니다.

넓은 아량으로 양해 부탁드립니다.

그리고, 모두의 미래의 꿈을 이루기를 기원합니다.

프롤로그

  여기에 소개되는 것들 중 몇 개는 아주 기본적인 것이며 기초적인 것이다. '이런 것까지 소개되고, 읽어야 하고, 실천해야 할까?'하는 생각이 들 수도 있다. 그러나 매우 중요한 것들이라고 생각한다. 기본 또는 기초의 개념을 초보자가 초보를 벗어나기 위해 하는 것이라는 개념에서 고급자가 되기 위한 필수 과정의 개념으로 보는 철학적 사유의 틀을 전환하고 확장해야한다.

  그리고 소개되는 방법들 중에서 본인에게 적합한 것들을 선택해서 꾸준히 하여야 한다. 꾸준히 하는 것과 하지 않는 것은 큰 차이가 발생한다. 우리가 주변에서 보는 성공하는 사람들의 특징 중에 하나는 여러 가지 방법들의 차이들은 알고, 장점과 단점을 알고 있지만, 그것을 꾸준히 한 것과 하지 않은 것이다. 꾸준히 할 수 있는 것에는 기본 기초적인 것이 매우 중요하게 작용한다.

  단순하게 보이기도 하고, 약간은 기본에서 묻혀 간과하는 방법들로 보이지만, 어떤 어머님들의 눈에는 진흙 속에서 진주를 발견한 것처럼, 이 내용을 보면서 자식의 성공을 위해서, 필요한 방법을 알려주기 위해서 눈빛을 반짝이기도 한다. 거기서 끝이면 곤란하다. 잘 선택하고 실천하면 된다.

  기억은 확실하지 않다. TV는 사랑을 싣고 -배우 김영호- 편인 것 같다.

배우 김영호 님이 찾고 싶은 분은 학창 시절 은사님으로 기억된다. 특히 배우 김영호 님에게 '호랑이를 그리려고 해야지 고양이라도 그린다.' 라는 말을 해 주었다고 한다. 인생을 살면서 교직에 몸담고 있으면서 좋은 말인 것 같아서 가슴에 와 닿았다. 그리고 학생 교육에 적용했다.

여기에서 지도한 학생은 6학년 처음 만났을 때 의사가 되는 것이 꿈이라고 했다. 지방 소도시 면 단위 시골 초등학교에서 의대를 진학한다는 것은 정말 어려운 일이다. 그래도 열심히 노력하면 우리가 주위에서 일반적으로 사람들이 가고 싶어 하는 대학들 중에 하나인 교대는 갈 수 있다고 생각했다. 여기서 교대를 특정한 이유는 교대는 전통적으로 생활의 안정성을 담보로 한 미래 직업의 영역이라고 생각되어 지기 때문이다. 그리고 교대 진학은 나름대로 선방했다는 생각이 들기도 했다.

그래서 1년의 담금질로 남은 중학교와 고등학교 과정 6년을 버틸 수 있는 실력과 저력을 만들어 주려고 하였다.

의대를 가면 더 좋고......

처음에는 순수한 교육자적 마음으로 시작했다. 1년의 시간과 노력을 투입한다. 열심히 노력을 하니 결과가 더욱 궁금해졌다.

어떻게 될 것인가? 교대는 갈 수 있지 않을까? 6학년 1년을 열심히 지도했다. 그리고, 6년의 기다림이 시작되었다. 6년의 기다림이 가능한 것은 6학년 1년의 시간을 나름 열심히 사용했기 때문이라 생각된다. 비록 면 단위 시골 초등학교에서 공부했지만, 같은 소도시 지역의 소재지 시 단위 중학교에 진학하여 높은 성적에서 시작하면 긍정의 기대효과를 발휘할 것이라고 생각했다.

초등학교 졸업하고 중학교의 과정에서는 예상대로 확실히 효과가 있었다. 시 단위 규모가 큰 초등학교에서 진학한 학생들과 중학교에서 공부하는 과정에서, 소수 인원이 공부하는 시골 초등학교 학급의 분위기를 극복하고, 다수 인원의 학급에서 공부하고 생활하고 경쟁하는 압박감을 이겨내고 높은 성적을 거뒀다. 이 효과는 다시 고등학교까지 이어졌다. 이것이 이쁨 천천히 하락의 법칙이다.

초등학교를 졸업하고 6년의 시간이 지나면서 간간히 들려오는 소식을 접하면서 성과가 궁금하면서…… 결국 의대 진학이라는 좋은 결과가 나왔다. 시골에서 1명이라고 해도 대단하다고 하는 사람들이 있다. 간혹 1명이라면 운이라고 생각하는 사람들이 있을 수도 있다. 그런데, 2명의 학생이 의대를 진학하니. 다른 사람들도 무엇인가 특별한 방법이 있다고 생각한다.

6년을 버틸 수 있는 실력과 저력을 만들어줬다고 생각한다.

의대 합격이라는 좋은 결과가 나와서 자녀 교육에 관심을 가지는 많은 학부모와 공유하겠다는 마음이 생겼다.

여기서 소개하는 방법들은 **기존에 기본적으로 공부하는 것, 특별히 추가적으로 노력하는 것, 전략을 가지고 접근 하는 것이다.** 노력하는 것의 방향을 약간 바꿔주거나, 사고의 방식을 바꿔 주는 것이다. 이런 것들이 알고느 있지만 실천해야 할 전략이다. 그리고 꾸준히 노력해야 한다. 물론 학생들이 기본적으로 해야 하는 것들은 제외한다.

좋은 결과는 생각에 머무르지 않고 행동하는 실천의 결과이다. 좋은 방법 또는 좋은 선택이 있지만 아는 데서 그치지 않고 선택에서 그치지 않고 꾸준히 실천하는 것과 실천하지 않는 것의 차이인 것 같다. 꾸준히 실천하여 생긴 흔들리지 않는 저력이 중요하다.

혹자는 학생들이 열심히 했다고 한다. 물론 부정할 수 없다. 그렇지만 중국 고사성어에 나오는 백락(伯樂) 이야기를 들려주고 싶다. 백락은 중국 춘추 시대 진(秦)나라의 정치가이다. 백락일고(伯樂一顧)라는 고사성어로 유명하다. 백락은 천리마를 감별하고 훈련한 사람이다.

백락에 대한 평가는 중국 당(唐)을 대표하는 문장가, 정치가, 사상가이며 당송 8대가(唐宋 八大家)중의 한 사람인 한유(韓愈)가 쓴 잡설 제4수에 극찬되어 있다.

世有伯樂, 然後有千里馬. : '세유백락, 연후유천리마 : 세상에 백락이 있은 후에야 천리마가 있다.' 라는 내용이다. '천리마는 항상 있지만, 백락은 늘 있는 것은 아니다.'의 내용으로 이어진다.

학생들의 성공을 위해 필자의 전략적 노력도 있다.(단순히 열심히 만 한 것이 아니다.)

몇 개의 방법은 단순하지만 반복되어 기술된다. 단순해도 그만큼 중요하다. 사람들에게는 중요하지만 하지 않거나 너무 근복적인 것 은 무시하는 경향의 오류가 편재(보편)화 되어있다.

필자가 초등학교 6학년 1년 동안 지도한 것 중 기본이 되는 것 은 태도와 실력을 포함하여 졸업 후 6년을 버틸 수 있는 저력을 만 드는 것이었다. 눈에 보이지 않을 수도 있고 의대에 진학한 당사자 2명 마저도 느낄 수 없을지 모른다. 눈에 보이지 않거나, 느낄 수 없기 때문에, 그래서 중요하다. 눈에 보이거나 느낄 수 있는 것은 따라하면 되지만, 보이지 않는 것, 느낄 수 없는 것은 설명하거나 따라하기 어렵기 때문이다.

공교육에서 사교육이 표방하는 '의대 진학' 이라는 느낌의 글이라 고 생각 될 수도 있지만, 살펴보면 기본의 중요, 바른 인성, 바른 태도, 지식, 사랑, 우애, 건강 등 공교육이 표방하는 전인적 교육의 완성이라는 것을 알 수 있을 것이다.

차 례

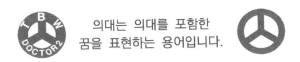

의대는 의대를 포함한
꿈을 표현하는 용어입니다.

I. 기본 편

* 기본 편 머리말

모 면담 : 6학년 학년 초에 학생의 어머니와 면담하였다. 학생의 어머니는 자녀의 현재 수준에 대한 공부의 양과 방향에 대한 만족감이 있었다. 시골 학교에서 공부하는 전형적인 모범적이고 착실한 학생에 대한 만족감이라고 생각되었다.

그래서 단도직입적으로 분명하게 '부족하니 더 열심히 해야한다.'고 했다. 그랬더니 학생의 어머니의 반응은 약간은 놀라며 당황한 듯 했다. 시골에서 열심히 하는 모범적이고 착실한 학생들을 바라보는 기존의 학교 선생님들하고는 반응이 달랐기 때문이라 생각된다.

이때는 그냥 더 열심히 해야 한다고 하였고, 공부하는 양이 부족하며 공부하는 방향을 바꿔야 한다고 하였으며, 더 열심히 해야 하며, 힘들어도 넘어야 할 산이라고 했다.

그리고 기본 과정을 시작하면서 최고의 효과를 낼 수 있는 전략을 담아서 1년이 진행되었다.

기본편에는 공부를 할 때 기본적으로 해야 할 것들을 적었다. 사람마다 생각하는 것이 다르니, 읽어도 느낌이 다를 수 있다. 좋은 것은 선택하고, 비슷한 생각이나 부족해 보이는 것들은 보충하여 지도하면 된다. 공부 이외에 소양과 같이 삶에 도움이 될 것 같으면 선택하여 하면 된다.

여기에 표현된 〈지금 생각〉으로 표시된 것은 그때 했던 것을 지금의 시점으로 정제하여 적은 것이고, 〈그때 생각〉은 그 시절 그냥 정제함이 없이 좋다고 생각했던 것들을 시도한 내용이다.

기본 편을 나누었더니 대략 12가지 정도 된다. 0으로 표시한 것은 전체 생각의 기본이며 복합체이다. 전체적인 것의 소개를 하면서 자세하게 다시 기술하기도 한다. 이 곳 저 곳에 다 영향을 끼쳐서 근본이 된다는 의미로 0을 선택했다.

기본편에 소개되는 것들의 생각을 정리하니 생각보다 많았다. 단계적으로 하기에는 시간이 오래 걸린다. 동시 다발적으로 시작해야 한다. 그래서 실천의 어려움이 있다. 기본편에 있는 것들이 공부편을 버틸 수 있는 것들이다. 기본편을 하면서, 공부편에 있는 것도 함께 해야한다. 경중을 생각하고, 필요한 것을 생각하여, 전략적으로 선택해서 실천하기를 바란다.

0. 기본 생각
1. 기본 자세
2. 기본 도구
3. 기본 글씨 쓰는 법
    - 한글 필기하는 방법과 수학 필기하는 방법은 다르다.

4. 지적 능력 개발
5. 말하기 행동하기(신속하게 민첩하게)
6. 마인드 유지하기
7. 건강 관리
8. 공부자세, 자세체력, 공부체력 키우기
9. 전략적 운동 배우기
10. 소양 영역
11. 목표 설정 비법

0. 기본 생각

여기에서 필자가 지도했던 것은 특별한 노력과 정성이 더 필요한 것은 별로 없다.

특별한 노력과 정성보다는 **이미하고 있는 것의 힘과 노력의 방향을 약간 바꿔주는 것**이다. 이것이 전략이다. 시간과 에너지는 한정되어있기 때문이다. 원하는 것에 가까워지는 것이다. 어떤 것은 단순해 보인다. 그러나 그것은 기초, 기본이며 초등학교 졸업 이후 6년의 학창 시절을 버틸 수 있는 실력과 저력이 된다. (기초, 기본은 초보자가 하는 단순한 것 들이기 보다는 고급으로 가기 위한 최소한의 필수 과정이라고 생각해야 한다.)

누구나 하는 것처럼 보여서 표시나지 않을 수 있다. 그래서 간과하기 쉽다. 그래서 비법일 수도 있다.

바르고 도움이 되는 것은 누군가가 조언을 해줬을 때 감각적으로 느끼고, 받아들이고, 실천해야한다. 이러한 태도와 능력은 동일 집단에서 조금은 쉽게, 빠르게, 편안하게 스스로를 그런 됨됨이의 사람으로 생각보다 쉽게 만들어 준다. 쉽게 앞서 가기도 한다.

〈지금 생각〉

자신감의 시작은 바른 자세에서부터이며
최소한 타인에게는 자신감 있어 보이며
이는 범접하기 힘은 아우라(오로라)를 생성한다.
자기 자신을 그렇다고 생각하게 만들며
긍정의 자기 최면을 하며
그 생각이 현실이 되기도 한다.

〈그때 생각〉

이쁨 상승 하강의 법칙 :
이쁨이 높은 곳에서 하강한다면, 학생이 비록 잘못하였어도 이쁨이 하강하는 처음 하강하는 속도는 생각보다 작다.
이쁨이 낮은 곳에서 상승한다면, 학생이 열심히 노력하여 이쁨이 상승하지만, 처음 상승하는 속도는 생각보다 크지 않다.

이쁨의 상승 하강이 기대될 때, 만약 이쁨이 높은 곳에 위치했다면 이쁨의 기대값이 하강하는 것은 사람들이 생각하는 이쁨의 하락하는 속도보다 실제 이쁨의 하락속도가 작다.

즉, 이쁨에 가려져 단점이 나타나기 전에 게임이 끝났을 수다. 반대로 장점이 나타나기 전에 게임이 끝났을 수도 있다.

학생들이 중학교의 시작이 높은 이쁨에서 시작한다면 주위의 긍정적 기대효과, 학생의 자신감, 타인(他人)의 시선 등의 효과도 실제 그 학생의 위치보다 높은 데서 크게 작용한다. 이 효과는 중학교 과정 뿐만이 아니라 고등학교를 거쳐서 수능을 보는 그 순간까지 발휘된다.(이쁨의 연결 및 연쇄 반응, 긍정적인 주위의 시선, 그냥 퍼지는 따뜻함, 자신감, 자기 최면의 효과 등은 수능의 순간) 수능이 지나고 평생 함께 할 수도 있다.

작전은 성공했다. 그리고 결국 중학교에서 이쁘게 시작하였다. 그리고 이쁨은 고등학교까지 연결되었다. 그리고 꿈으로 생각했던 의대에 진학했다.

바른 연필잡기, 바른 자세는 공부의 기본이 된다.
바른 연필잡기, 바른 자세로부터 발생하는 건강, 집중력 등에 나타나는 미세한 차이가 결국은 동질 집단에서 결정적인 또는 절체절명의 꼭 필요한 순간에 생명의 동아줄이 될 수도 있고 치명적인 되돌릴 수 없는 결정타가 될 수도 있다.(자세 건강이라고 명명했는데, 자세 건강은 학생들이 특별한 노력 없이 얻을 수 있는 좋은 공부의 경쟁력이다. 2020년, 2021년 현재 바른 연필잡기, 바른 자세를 하지 못하는 학생은 한 학급에 23명 평균으로 생각하면 15명 이상이 된다. 바른 연필잡기, 바른 자세를 통하여 손쉽게 상위 30% 정도는 그냥 될 수 있다는 것이다.

현대의 대표적인 운동인 골프에서는 자세가 중요하다고 한다. 그러나 공부에서 자세가 중요하다고는 별로 생각하지 않는다. 운동 중에서 골프만 자세가 중요하다고 하지는 않는다. 대부분의 운동이 자세가 중요하다. 그러나 공부는 예외로 생각하는 경우가 많다. 머리가 좋아야 한다고 생각하기 때문이다. 물론 머리가 좋아야 하지만, 머리가 좋은 동일 집단에서는 자세가 중요하다. 자세가 좋아야 양질의 집중력으로 오래 공부할 수 있다. 자세 체력을 생각하면 좋을 것 같다. 자세 체력은 바른 자세에서 오는 선순환 상태의 체력을 말한다. 별로 노력하지 않고 바른 자세를 취하면서 발생하는 역학적 에너지가 자세 체력을 통해서 발생한다. 바른 자세가 무엇인지 모르는 세태가 되어가니, 바른 자세를 하는 것 자체가 실력이 되고 태도가 될 수 있다.

바른 자세를 유지하라는 것을 잔소리 또는 귀찮음의 대상으로 여긴다. 이것은 바른 자세를 하고 안하고의 문제가 아니다. 바른 것은 해야한다. 태도의 문제로 연결되고 확장되기 때문이다. 태도의 문제는 면접과 같은 직관적인 순간에 자신도 모르게 습관적으로 원하지 않게 나타난다. (직관적인 것을 평가하는 면접관은 쉽게 간파한다. 그 정도는 간파해야 면접관의 자리까지 갈 수 있기 때문이다. 혹시

'나는 면접 통과했는데요?'라는 표현을 하는 사람이 있다면, 이 표현, 억양 그 자체부터 큰 면접은 아니라는 뜻 이다.) 직관적인 것까지 갔다는 것은 길고 길었던 승부의 끝이 보이는 것이다. 바르지 못한 자세에서 오는 차이는 안타까울 수 있다. 사실 정말 안타깝고, 속상한 일이다. 주위에서 그런 사람을 본다면...... 마음이 무겁다.

 승부는 미세한 것이다. 미세한 차이가 발생하지 않는 것은 승부가 아니다. 미세한 차이가 아닌 것은 공정하지 않거나, 그냥 이벤트이거나, 천우신조의 영향이다. 진정한 승부라면 승자나 패자나 찝찝함이 없어야 한다. 그래도 아쉬움은 남는다.
 학생들이 공부하는 것은 실력의 차이가 아니다. 실수의 차이다. 실력의 차이가 난다는 것은 이미 끝난 경기이다. 공부를 잘하는 학부모와 학생이 간과하는 것이다. 실력이 차이난다고 생각하는 것이다. (실수를 포함한 태도의 문제일 수 있다.)

 기본 생각에서 도구를 설명하는 것은 기본 도구를 갖추는 것이 기본 생각이 되기도 하기 때문이다. 기본 도구 편에서는 간단히 설명한다.

 연필은 그냥 사용한다.

연필은 웬만한 환경에서 사용이 가능하다

단순 필기구 : 손으로 깎아라. 기계도 좋다. 사용할 때 쓰는 방향과 결이 어느 정도 자유롭다.(펜을 사용하면 알 수 있다.)

연필을 사용하는 이유 : 깎는 재미가 있다. 깎는 소리가 있다. 쓰는 소리가 있다. 나무향이 있다. 줄어드는 것에 대한 사유. 느낌 등이 있다.

연필을 보는 그 자체로 향수 어커스틱(레트로, 복고풍)의 느낌이 있다.

장점이면서 단점 : 지우기가 쉽다. 지우는 과정은 공부에 나쁜 영향을 미치며, 나쁜 습관이 되기도 한다.(뒤에 설명한다.)

연필 : 닳은 모양만 봐도 바른 연필잡기를 했는지 알 수 있다. 연필을 쓰는 소리를 들어도 알 수 있다.

연필심이 두꺼워도 웬만한 얇은 두께의 선을 표현할 수 있다. 그래서 특별한 경우가 아니면 날카로운 연필심을 고집할 필요가 없다.

만년필 사용 : 처음 사용할 때 두께에 대한 고민 없었다.
색에 대한 고민 없었다.(지금은 파란색 계열로)
글씨 연습은 전통적인 永자 위주로 연습한다.
　　　　　현재는 我자를 추가하여 연습한다.

이때는 만년필은 그냥 바른 연필잡기를 위한 도구였다.

만년필은 방향이 있고, 흐름과 결이 있다.

그래서 바르게 잡지 않으면 어려움이 있다.

학생들에게는 호기심을 위한 도구이다.

지우는 행동과 같은 쓸데 없는 작업 방지한다.

만년필에 대한 선입견

비싸다. 그러나 4,000원 정도의 품질 좋은 만년필이 있었다. F촉의 두께였다. 지금은 같은 디자인에 더 가는 EF촉이 나왔다. 바른 연필잡기를 연습하기 위한 만년필 촉의 두께는 EF촉이 좋다.

〈그때 생각〉

이때는 만년필은 그냥 낭만적인 필기구라고 생각했다. 학생들에게 다양한 필기구를 접해보게 할 수 있는 것도 좋다고 생각했다. 이때는 별 생각없이 검정색 잉크를 사용했다. 그리고 만년필을 사용하면서 머릿속에 드는 생각이 만년필은 흐름과 결을 느끼면서 바른 연필잡기 또는 연필을 잘 사용할 수 있게 해주는 보조 도구라고 생각했다.

〈지금 생각〉

지금은 바른 연필잡기를 잘하게 해주는 **최고의 전문적인 도구**라
고 생각한다. 만년필에는 흐름, 결, 텐션(탄성) 등이 있다. 그래서
바르게 잡지 않으면 잘 써지질 않을뿐더러, 잉크가 잘 흘러나오지
않는다. 만년필 촉이 EF촉이거나 EF촉보다 가늘거나, 1.5mm이상
두꺼우면 그 효과와 현상을 확실히 알 수 있다.

흔히 요즘 많이 사용되는 캘리그래피에 사용한 다양한 촉을 사용
하면 그 느낌을 확실히 알 수 있다. 간혹 EF촉 보다 더 가는 만년
필 촉이 발견되기도 한다. 직접 사용해본 결과 바른 연필잡기의 효
과가 느껴진다.

〈지금 생각〉

잉크색은 파란색 계열을 사용한다. 처음 만년필을 사용할 때는 별
고민 없이 검정색을 선택했다. 파란색 공부법이라는 것이 있다. 동
질 집단에서 성공 확률을 0.1% 이상 올려준다.

펜촉의 두께는 ef촉 : 촉이 얇아야 저항감이 생겨서, 결의 방향으
로 진행한다. 종이의 표면이 거칠면 확실히 알 수 있다.

2mm 이상 두께를 가진 펜촉을 사용하면 바른 연필잡기를 하
고 사용하는 느낌을 알 수 있다.

만년필을 주요 도구로 사용해야 한다.(바른 연필잡기를 할 수 있는 최소한의 충족 조건이 될 때까지)

만년필은 몸통과 손잡이 부분 두께가 중요하다. 몸통과 손잡이 부분의 두께의 정도는 바른 연필잡기 자체를 편안하게 한다. 필자는 학생들의 바른 연필잡기를 도와주는 만년필 홀더를 제작하기도 했다. 제작한 만년필 홀더를 통해 교원 총연합회에서 실시하는 교사 연구대회에서 수상했다.

만년필의 손잡이 모양도 고려해 볼 만 하다. 삼각형 스타일의 손잡이가 있는 만년필이 있다. 독일에서 제작한 라미 사파리 계열의 만년필이 좋다고 생각한다. 이것은 라미에서 협찬받고 그런 것은 아니다. 다양한 만년필을 사용해 본 결과이다. 사파리 만년필은 같은 디자인을 가지고 기본, 알스타, 룩스의 3가지 버전으로 제작된다. 알스타나 룩스는 가벼운 메탈 소재의 재질을 이루고 있으며, 예쁘며, 기본보다 비싸다.(룩스가 가장 비싸다. 그래도 몽블랑 기본에 비하면 1/7의 값도 되지 않는다.) 기본은 저렴한 가격에 다양한 색깔의 만년필이 제작되는데 눈에 자극적이지 않은 색을 선택하면 좋겠다.

라미의 사파리 만년필을 이렇게 설명하는 것은 2020년 가을 쯤 우연히 라미 사파리 만년필의 오류를 발견했다고 생각되는 사건이 있었기 때문이다. 라미 사파리 만녀필은 라미 회사의 거의 최저가 만년필 모델이다. 그런데 필자가 생각하는 만년필 촉의 중심선과 만년필의 중심이 맞지 않았다. 우리 일상 생활에서 중심선 정렬은 아주 기본이다. 그래서 그때는 사실 화가 많이 났다. '저렴한 것이라고 대충 만들다니......' 하는 생각이 들었다. (라미 사파리 기본 모델 만년필은 10개를 사도 명품 만년필로 일컬어지는 몽블랑 만년필 1개도 사지 못한다.) 그래서 중심선을 맞추려고 강제로 힘을 주려고 했다. 그런데 갑자기 '독일은 세계적인 명차를 만드는 나라이고 그 나라에서 만드는 만년필이 만년필의 기본이라는 중심선 하나를 제대로 맞추지 못할까? 또 이런 만년필을 만들도록 국가에서 허가해 줄까?'라는 생각이 들었다. 그래서 다른 라미 사파리 기본 모델을 살펴봤다. 여전히 중심선이 틀어져 있었다. 이번에는 정말 화가 났다. 지속적인 대충 만들기라는 생각이 들었다. 그런데 라미 사파리 고급 모델인 알스타를 살펴봤다. 그런데 여전히 중심선이 틀어져 있었다. 뭐지? 라미 사파리 최고급 모델인 룩스를 살펴봤다. 여전히 중심선이 틀어져 있었다. 다시 생각했다. 세계적인 명차를 만드는 과학과 기술 강국 독일이 제작한 만년필이다. 그래서 다시 긍정적인 마음으로 살펴봤다. 이렇게 만든 이유가 있겠지! 그랬더니, 중심선의 불일치는 만년필을 잡았을 때 바른 연필잡기를 위한 최상의 그립감을 주기 위해 제작했다는 생각이 들었다. 그래서 다시 살펴 봤더니 이유가 맞는 것 같았다. 중심선을 일치시켰더니 불편했다. 그래서 동료 선생님들께 설명했다. 이미 두 분은 강제로 중심선을 맞추었고, 다른 분들은 그냥 사용했다. 이미 강제로 중심선을 맞춘 분 중에 1명이 '중심선이 일치하지 않는 사실은 라미 사파리 만년필을 파는 사람도 잘 모를 것 같다고 했다. 역시 독일이네요.' 라고 말했다.

이렇게 라미 사파리 만년필을 장황하게 설명한 이유는 바른 연필 잡기를 위한 도구의 중요성을 간과할 수 없기 때문이다.(시간과 노력을 많이 줄여준다.) 많은 시행 착오와 다양한 만년필을 구입해서 사용해 본 결과이다. 물론 가성비를 고려한 것이기도 하지만 라미 사파리 만년필은 바른 연필잡기에 최강이다. 라미 사파리 만년필과 같이 그립존이 삼각형인 다른 만년필들도 있다. 선택하면 된다.

만년필을 접하지 않은 사람이 처음에 잘못 사용하면 펜촉이 망가진다. 필자는 고급 만년필로 통하는 몽블랑 만년필과 펠리칸 만년필도 사용하고 있다. 만년필에서 펜촉이 차지하는 가격은 40%정도 된다. 실제 가격이 100만원 정도인 몽블랑 만년필은 펜촉이 40만원 정도 한다. 그래서 고급 만년필을 사용하기 전에 바른 연필잡기의 입문용을 사용할 것을 추천한다.

저렴한 4,000원 정도의 만년필에서 100만원 정도 하는 만년필까지 설명한 이유는 다음과 같다. **사람들이 만년필을 사용하다 보면, 만년필에 대한 탐심이 생긴다. 그리고 그 유혹은 생각보다 크다.** 그리고 고급 만년필은 저렴한 만년필과 달리 금(金)촉을 사용하기 때문에 예쁘고, 쓰면서 느껴지는 사용감도 좋기 때문이다.

이 책의 제목에서처럼 의대를 목표로 공부하고 성공했다면 100만원이 넘는 몽블랑 만년필이나 펠리칸 만년필은 이제까지 꿈을 위해 성실히 노력한 자신에 대한 보상으로도 좋다. 흰 가운을 입고 만년필을 쓰는 모습은 생각하기만 해도 아름답다.

　바른 연필잡기를 위한 선연습을 생각하게 되었다. 선연습도 순서와 단계를 고려해야한다. 그래서 바른 연필잡기를 위한 최고의 이론적 교본과 실습 교본을 구상하고 있다. 글씨 연습을 위한 선연습이 아니고, 바른 연필잡기를 위한 선연습임을 강조한다.

　탁바위 유튜브 채널을 운영한다. 유튜브에서 '탁바위'를 검색하면 나온다. 수익보다는 바른 연필잡기의 단계적 과정을 널리 알려주기 위해서 제작했다. 바른 연필잡기에 꼭 필요하다고 생각되는 기본 단계이다. 이를 위한 기본 연습종이도 만들었다. 기본 연습종이를 편하게 사용하기위해 무료로 공개했다.

　바른 연필잡기를 하는데 왼손의 중요성은 2020년에 느끼기 시작했다. 처음에는 오른손 바른 연필잡기만 생각했다. 그런데 신체는 유기적으로 연결되어 있어서 오른손 바른 연필잡기만 해서는 되지 않았다.
　2020년 말 쯤 학문적으로 알게되어 설명할 수 있게 되었다.

　그리고 왼손의 방향 및 자세도 수치화하였다. 오른손 보다는 단순하며 간단하다. 손의 방향과 팔뚝의 방향이 유기적으로 연관되어 있다. 외길수순이다.(바둑에 나오는 용어인데 일단 시작이 되면 최선의 효과가 나오기까지 길이 정해져 있다는 것이다.)

　학생들에게 최소량의 법칙도 설명했다. 국어, 수학, 영어가 있을 때 국어와 영어는 잘하는데 수학을 못하는 학생이 있는 경우이다.
　위의 학생은 국어와 영어는 잘하는데 수학을 못한다. 이런 식의 면담은 자주한다. 보통의 면담은 이렇게 이루어 진다. 국어와 영어를 잘하는 그룹에서 수학을 못하는 것을 의미한다. 그래서 만족하는 경우가 있다.
　같은 학생이다. 다른 느낌이다.
　이 학생은 수학은 못하는데 국어와 영어는 잘한다.(잘한다고 하지 않고 어느 정도 한다고 한다.) 학교에서 이런 식의 면담은 거의 하지 않았던 것 같다. 수학을 못하는 그룹에서 국어와 영어를 잘하는 것을 의미한다. 이렇게 설명하니 놀라는 듯한 느낌이었다. 소속하고 있는 그룹이 달라지기 때문이다.
　이것이 학문적으로 이야기하면 최소량의 법칙과 비슷하게 설명된다. 실제로 대학입시에서도 등급 컷이라는 이름으로 비슷하게 사용되기도 한다.

　공부와 관련된 문제도 고려해야 하지만 소양적인 면도 고려해야 한다. 여기서 소양이라는 것은 공부를 제외한 다른 영역을 말한다.
　'제는 공부는 잘하는데 인성이 좀 그래~~~!'

'제는 인성은 그런데 공부는 좀 해~~~!'

아래의 문장처럼 공부를 좀~ 으로 표현하지 위의 문장처럼 공부를 잘~ 로 대부분 표현하지 않는다.

공부를 잘하는 학생 중에 소양이 부족한 것과, 소양이 부족한 학생 중에 공부를 잘 하는 것과는 느낌이 다르다.

그리고 동질의 집단에서는 소양의 문제가 결정적이 될 수도 있다.

〈문제 풀기에 대한 작은 생각〉

- 빨간 볼펜 사용 (채점용)

볼펜은 번짐이 적고 사용이 쉽다.

잘 보인다.

빨간색이 눈에 자극적이라고 하지만 오답률이 적기 때문에 눈에 그렇게 나쁘지도 않다.

- 맞은 것은 바르게 원을 한다.(개인적인 생각) 기분이 좋다. 정신이 집중된다.

- 틀린 표시는 하지 않는다. 부정적 마인드 사라지기 : 웃을 수도 있는 일이지만 특별한 노력없이 단 0.01%의 성공 확률이라도 높일 수 있다면 선택한다. 사실 아무 노력도 하지 않았는데 성공 확률이 0.01%가 높아진다면 굉장히 큰 것이다. 부정적 마인드는 스스로를

망치기 때문이다.

- 자기가 채점하기. 자기가 스스로 피드백 하는 과정이다. 실수를
만회할 수 있다.(다시 언급 된다.)

1. 기본 자세

앞의 내용인 기본 생각과 겹치는 부분이 있을 수 있다.
기본 자세를 명확하게 하는 단계이다.

바른 연필잡기부터 시작이다. 이론적 설명은 길어지며, 이 책을 읽는 다면 어느 정도 연필잡기가 고착화되어 있어서 고치기 힘들 것이라고 생각된다. 그래서 최소한의 요건만 설명한다.(4시 8시 : 잊지 말아야 할 자세를 칭하는 가장 핵심 용어이다.)

바른 연필잡기를 했을 때 위에서 본 오른손 위의 연필의 방향은 **4시 방향**이 되어야 한다. 위에서 본 오른손 위의 연필의 방향이 4시 방향은 최소한 바른 연필잡기를 잘 하지 못해도 지켜야 할 사항이다. 이렇게 수치화시켜서 설명하는 지도법은 거의 보지 못했다. 필자의 오랜 연구의 산물이다. 보통은 '이렇게 따라하세요!' 정도의 지도를 한다.

바른 연필잡기의 장점은 너무 많다. 그리고 공부하는 학생에게는 수능을 보는 그 순간까지 상승효과를 가져온다. 의대를 진학하고 난 후의 동질 집단에서의 차이는 더욱 커진다.

왼손은 **8시 방향**이다. 오른손을 바른 연필잡기로 하여도 왼손이 잘못되니 금방 잘못된 원상태로 복귀한다. 이 사실을 발견하여 왼손의 중요성을 학문화 시킨 것이 2020년 하반기이다.

　오른손 팔뚝은 5시, 왼손 팔뚝은 7시 이렇게 하면 책상에 앉는 바른 자세가 거의 확립된다. 오른손과 왼손이 자연히 4시와 8시 방향이 된다.
　책상과의 거리는 주먹 1개 정도 거리를 주면 된다.

　이렇게 되면 공부 실력과 기본 소양과 자세에서 나오는 기품이 함께 커진다. 자세, 체력, 집중력, 시간 등이 잘 유지 된다.

　공부는 책상에서 한다. 독서를 포함해서이다.

〈지금 생각〉

　왼손 필기가 많아졌다. 개인의 개성을 존중하기 때문에 많이 인정하는 분위기이다. 그러나 웬만하면 오른손 필기로 바꾸라고 추천한다. 문제 풀기나 글씨 쓰기는 고사하고 단순한 OMR카드 작성시, 왼손으로 잉크가 OMR카드에 번지기라도 하면 큰 일이기 때문이다. 시간이 부족해지고, 리듬이 깨지고, 답안지 교환으로 흐트러진 시험 리듬은 그 시험 시간 뿐만 아니라 다음 시험 시간까지 영향을 미칠 수 있으며 전 시험에 영향을 미칠 수도 있다.

왼손 연필잡기를 하는 학생에게 오른손 바른 연필잡기는 실력을 키우는 저력이라고 생각한다. 특히 왼손으로 쓴 글씨가 보통의 경우보다 못한 바른 글씨 쓰기가 아니라면 미련없이 바꿔야 한다고 생각한다. (물론 바른 연필잡기는 예쁜 글씨쓰기가 아니라고 누누이 강조한다.) 특히 왼손 글씨가 예쁘지(여기서 말하는 예쁜 것은 심한 악필을 뜻한다.) 않다면 빨리 바꿀 필요가 있다. 어차피 못쓰는 글씨이기 때문이다. 그리고 자세도 틀어지고, 늦게 써야하고 등 등 단점이 많다.

오른손 바른 연필잡기를 이용하여 자세를 올바르게 하고 서법을 익히면 생각보다는 빠르게 바른 연필잡기를 통하여 최소한의 바른 글씨 쓰기 영역까지는 도달할 수 있다고 생각한다.

편한 것이 편안한 것이 아니라
바른 것이 편안한 것이다.

책상은 바른 자세를 도와준다. 그리고 수능은 책상에서 본다. 그래서 책상에서 공부(독서)를 해야한다.

공부(독서)를 하지 않는 학생을 바라보면, 단순히 공부(독서)를 하는 모습마저도 아름답다. 그러나 공부의 단계가 높아지면 부모 또는 주위의 욕심을 공부를 잘하기를 희망한다. 공부를 하는 본인이 철이 들거나 공부를 잘하는 것을 원할 때 까지는 말이다.

이런 것과 비슷하다. 아이가 건강하면 좋겠어. 건강하면 인성이 좋으면 좋겠어. 인성이 좋으면 공부를 잘하면 좋겠어.

욕심의 증가라고 생각할 수도 있다. 그러나 이것은 욕심이라기보다는 앞서가는 사람이 그냥 노력없이 할 수 있는 사회에 대한 배려이다.

소양적인 면도 있다.

이왕 하는 거 바르게 하면 좋다. 특별한 노력이 필요하지 않다. 익숙해지면 더욱 가속도가 붙는다.

바른 자세도 중요하다. 공부하는 자세와 바르게 앉는 자세와 독서하는 자세이다. 공부를 하는 자세, 바르게 앉는 자세, 독서를 하는 자세는 약간씩 차이는 있지만 비슷하다. 바른 자세가 요구하는 최소한의 교집합 부분이 있다. 그러나 대부분의 학생과 부모는 많이 간과하거나, 많이 왜곡되어 생각한다.(자세 건강이 생성된다. 자세 건강은 선순환 공부 에너지를 만든다.)

그래도 공부는 하네, 그래도 책은 읽네. 초반의 중요한 단계에서 자세 영역을 제외하고 긍정의 칭찬을 들었기 때문이라 생각된다. 결국 공부를 잘하거나 독서를 잘하면 한 단계 더 높은 수준을 원하는데 이때 바르지 못한 자세가 발목을 잡고, 결정적인 순간에 치명타가 될 수 있다. 한 번의 치명타가 인생에서 평생의 치명타가 될 수도 있다. 기본적으로 눈과 허리 등 건강 적인 면에서 그렇다. 회복되기도 힘들다. 건강 이외의 부분에서도 회복하기 힘들며, 시간적인 부분은 더 되돌리기 힘들다. 뭔가 댓가를 지불해야한다.

결정적인 순간이라는 것은 짧게 보면 학교 공부, 조금 길면 수능, 더 길면 대학 생활, 진짜 길면 직장생활 등 순간마다 다를 수 있다. 각 사람마다 다른 인생의 여정에서 다를 수 있다.

인생에서 바른 자세를 취한다는 것이 큰 무기가 될 수도 있다. 많은 학생이 바른 자세를 모르기 때문이다.

바른 자세를 할 수 있어야
　　공부 지구력이 길러진다.
　　공부 집중력이 길러진다.
　　공부는 질, 량, 시간이 결정한다.

비슷한 실력의 집단이라면 결과는 시간, 양, 질이다.
　　시간, 질, 량은 바른 자세에서 나온다.

편한 것에 익숙해지면 자세가 틀어진다. 그냥 편한 것과 전략적으로 편한 것과의 구별이 필요하다.

독서도 마찬가지이다. 자세가 나쁘면 건강도 해친다. 독서의 대표적인 부작용인 시력 저하 현상이 온다. 독서는 기본적으로 장시간 하는 것이기 때문이다. 안경을 쓰고 공부하는 것과 안경을 쓰지 않고 공부하는 것의 효과는 엄청나다.

인생은 마라톤이라고 표현한다. 공부도 마라톤이라고 표현한다. 말 그대로, 2시간 남짓 마라톤에서 조차도 안경을 쓰고 안쓰고는 큰 차이다. 인생이나 공부에서는 말할 필요도 없다.

둑이 작은 구멍에서 터지는 것처럼 서로 연결되어 있으며 연쇄반응이 일어난다. 인간은 몸이 서로 연결된 유기체이다. 팔이 딸려오면 몸이 딸려온다. 그와 더불어 많은 자세가 흐트러지고 그로 인한 신체 성장 불균형 등 만성 질환이 시작된다.

2020년도 자세 교정을 위한 혁신적이고 획기적인 제품이 등장했다. 광고로도 나온다. 모델은 리듬체조 국가대표 선수 손연재 선수이다. 자세의 중요성을 강조한다.

우리가 지도하는 학생들도 자세가 중요하다. 그러나 학교에서 강조하면 같은 현상도 경시하는 경우가 많다.

〈2021년 생각〉

작은 것에 허용되는 약간의 나쁜 습관이나 바른 것에서 조금 벗어난 오차들의 습관이 모여서 인생의 중요한 순간에 결정적인 역할을 한다고 했다. 그런데 이렇게 해서 몸에 밴 습관은 아무 때나 의도하지 않은 일상의 순간에 나타나기도 한다. 억울하지만 소소한 일상에서 나타난 그게 결정타가 될 수도 있다.

이렇게 생각한 것이 2021년도 5월까지의 생각이었다.

문에서 다친 아이 이야기 : 평소에 문을 조금만 열어 놓고 그 사이를 통과하면서 간단한 일상 생활을 한 아이가 있었다. 어떻게 보면 문을 조금 열어놓고 생활하는 것이 일상 생활의 소소한 재미와 즐거움일 수 있었다. 불편하기도 하지만, 재미를 생각하면 감내할 만 했다. 그런데 조금만 문을 열어 놓으니 평소의 일상 상황에서 병목현상이 일어나기도 한다. 그러다 그 문틈에서 사고가 발생했다. 다행히 큰 사고는 아니었다. 큰 사고가 될 만한 아찔한 순간이었다. 문만 잘 열어놓고 생활했으면 일어나지 않을 사고였다. 평소 습관이 중요한 순간에만 작용하는 것이 아니라는 것이다. 일상 생활 곳곳에서 습관이 태도가 될 수 있다.

습관이나 자세에 관한 것을, 예쁘다고 약간씩 흐트러진 것을 허용하기 시작하기도 한다. 공부를 하니 허용할 수 있다. 독서를 하니 허용할 수 있다. 밥을 먹으니 허용할 수 있다. TV나 드라마라서 허용할 수 있다. 스마트폰이라서 허용할 수 있다. 처음에는 감당할 수 있다. 그러나, 흐트러짐이 커지기 시작한다. 인식하지 못할 수 있다. 각 영역에서 흐트러짐이 임계점에 다다르기 시작한다. 이때까지는 별로 느끼지 못한다. 흐트러짐이 임계점을 통과하기 시작하면, 어느 순간 일상 곳곳에서 나타나기 시작한다. 뜻하지 않은 곳에서 흐트러짐이 보이기도 한다. 고치려는 에너지와 노력도 짜증으로 변할 수 있다. 처음부터 좋은 습관이나 자세를 만드는 것이 중요하다.

2. 기본 도구

기본 생각과 겹치는 부분이 있다. 겹치는 부분은 최대한 간단히 하려고 한다.

학생들에게 바른 자세를 통하여 질 좋은 공부를 하기에 유리한 도구를 선택하기 위해 노력했다. 시간과 노력을 줄여준다. 그러면 다른 것을 할 수 있다. 최소한 휴식의 시간을 가질 수도 있다.

독일 초등학생은 만년필을 사용한다고 독일에 있는 학부모에게 이야기를 들었다. 관심있는 부분이 들리는지 그냥 기뻤다.

필기구 :
만년필, 공책, 그리고 연필, 지우개, 빨간 볼펜, 파란 볼펜
ef촉 파란색 선택한다면 라미 사파리 만년필 ef촉 f는 약간 두꺼움.(그래도 f정도면 약간 두껍지만 좋음.)
라미 사파리 만년필 ef 2개도 좋음 파란 빨간 잉크 사용
라미 사파리 만년필이 과학적인 이유는 사파리 만년필의 몸통 부분을 보면 알 수 있다.(내돈내산 : 뒷광고 아님)

샤프 : 그냥 사용한다. 1.5mm이상의 두꺼운 심을 사용하는 홀더를 사용하는 것도 좋다.
형광펜

공책 : 줄글 노트   적당한 크기 3~6학년 줄글 공책을 절대적으로 많이 쓴다.

특히 수학의 기본틀을 잡을 때 중요하다.

2021년 쫙 펴지는 노트가 있다는 것을 알았다. 필기를 할 때 정말 유리할 것 같았다. 2021년 5월 현재 구입은 했는데 아직 사용하지 못하고 있다.

한자 노트 : 중국, 대만 등 한자 언어권에 가면 여러 가지 종류로 특화된 한자 노트들이 있으니 사용해보는 것도 좋을 것 같다.

영어 노트 : 중등용을 사용해야한다. 초등 영어 노트는 줄 사이가 넓다.

독서대 : 독서대는 바른 자세 특히 목과 눈을 바르게 해준다. 독서는 장시간 하기 때문에 독서대는 바른 자세를 유지하기 위한 좋은 도구라 생각한다.

책상 : 발 받침이 멀리 있는 것(없어도 좋다.) : 발 받침이 가까이 있으면 발을 바른 자세로 했을 때 방해가 된다.

의자 : 팔걸이가 없는 것 : 오른손과 왼손의 바른 자세 형성 시 걸리적 거리며 방해가 된다. 학생이 어리다면, 팔걸이의 걸리적 거림은 더 커진다. 나쁜 자세를 가지는 습관이 된다. 의자에 있는 팔걸이는 공부는 바른 자세 형성이라는 기본 적인 것을 방해하는 요소다. 팔 걸이가 있는 것은 단지 의자에서 쉴 때 도움이 된다.
　의자에 바퀴가 없는 것(?), 회전이 불가능 한 것(?), 고민된다.

2020년 대한민국을 강타한 상품이 있다. 리듬체조 선수 손연재가 광고하는 상품이다. 필자는 제품보다는 제품이 의미하는 의미에 더 관심이 갔다. 앉는 자세의 중요성을 강조하는 중요한 자료라고 할 수 있기 때문이다. 굳이 제품을 사용하지 않아도 앉는 자세는 잘 할 수 있다. 의지의 문제이다. 왼손과 오른손을 잘 균형있게 해야한다. 책상에서 팔뚝은 7시 5시 방향, 손은 8시 4시 방향을 유지하면 된다.

조명 : 전통적으로 백열등이 좋다고 함. LED는 지향한다. LED는 눈부심이 강한 경향이 있는 것 같음 (개인적인 생각)
　최소 : 3파장 전구를 사용해야한다.

2021년 현재 필자의 지식범위 안에서는 백열등〉삼파장〉LED 순으로 눈에 좋다고 생각한다. 조명을 파는 업체에서는 삼파장이 좋다고 한다. 백열등은 열이 발생해서 그렇다고 한다. LED는 깜빡임이 있어서 눈에 나쁘다고 한다.

좋은 자세는 통증도 없다. 스스로 회복 속도도 빠르다. 지치기도 힘들다. 나쁜 자세와 비교했을 경우다.

3. 기본 글씨 쓰는 법

가장 중요한 것은 바른 연필잡기를 하는 것이다. 그리고 바른 자세를 하는 것이다. (기본적으로 요구하는 바른 형식이다.)

예쁜 글씨 쓰기 개미 지옥에 빠지면 곤란하다. 예쁜 글씨 쓰기는 예술의 영역이다. 누가 그랬다. 인생은 짧고, 예술은 길다고….

학창 시절은 짧다. 예쁜 글씨에 투자할 시간이 부족하다. 소양으로 취미로 머리 아플 때 캘리그래피 수준으로 하면 좋을 듯 하다.

바른 연필잡기로 바르고 빠르게 쓸 수 있으면 된다.

바른 연필잡기를 강조하는 필자에게 글씨를 잘 쓰냐고 묻는 경우가 있다. 물론 보통 이상으로 쓰지만, 이 질문을 하는 사람들을 포함하여 많은 사람들이 예쁜 글씨 지옥에 빠지지 않으면 좋겠다.

기본 자세에서도 언급했지만 웬만하면 오른손 필기를 권장한다. 2021년 이후에도 최소 10년 이상은 오른손 필기가 유리한 세상이 될 것 같다. 특히 우리나라가 대학 입시를 위해 계속해서 수능을 본다면 연필을 사용해야하기 때문에 오른손 필기가 유리하다.

공부 뿐만이 아니라 생활도 오른손 잡이가 유리한해 보인다. 냉장고, 자동차, 마우스, 스마트폰, 아이폰, 컴퓨터, 윈도우 화면, 아이폰, 맥 등 대부분이다. 전쟁에서 기본적으로 사용되는 총도 마찬가지이며 일반적인 무기도 마찬가지인 것 같다.

☆   한글 필기하는 방법과 수학 필기하는 방법은 다르다

〈그때 생각〉

  수학 필기만 글씨 쓰기에 비해서 중요하게 생각했다. 수학 편에
서 자세히 설명한다.

〈지금 생각〉

  한글 :
  공부에서 필요한 글씨는 발산적 사고가 가능해야 한다. 그러나
흔히 사용하는 정성들여 예쁘게 글씨 쓰기는 수렴적 사고가 될 확
률이 높다. 바르게 잡고 바르게 빨리 쓸 수 있는 능력을 키워야 한
다. 머릿속의 사고의 내용을 오염 없이 간섭 없이 기록해야 할 필
요가 있다. 잔 동작 없이 바로 적어야 한다. 최소한 핵심 단어라도
적어야 한다.
  발산적 사고 글씨의 형태를 예쁘게 쓰기로 착각하면 끝이 없으며
예쁜 글씨 쓰기 개미 지옥에 빠진다. 적정한 형식과 요건을 갖추면
된다. 최소한 글씨의 기본 획순은 알아야 한다.

수학 :

숫자도 기본 획순을 알아야 한다. 수학 기호도 최소한의 기본 순서와 쓰는 방법은 알아야 한다. 분수 쓰는 법도 알아야 한다.

문제 해결에 들어가면서는 발산적 사고를 하면서 식을 만들 수 있도록 구조화, 정제화 해야한다. 그리고 구조화, 정제화 하면서 해결해야 한다.

　　일단 해결책이 떠오르면

　　해결의 논리는 발산적 그리고 계산은 정제되게

　　정리되는 끊어지는 듯 하면서도 연결되는 정제된 사고

　　글씨는 펜 끝을 날리지 않게 한다.

　　수학 부호도 마찬가지이다.

수학 문제를 해결하면서, 펜 끝을 날리면 생각이 날라가면서 실수의 확률이 높아지기 때문이다.

　　　　(공부는 동질집단에서 실수의 싸움이다.)

실제 시험지의 빈 공간에 해결하는 연습을 해야한다. 직감적으로 위치와 필요한 공간을 알 정도로 공부해야한다.

단순히 수학을 잘하는 것이 목적이 아니다.

　　수능에서 수학을 잘 보는 것을 넘어서.

　　　　수능 자체를 잘 보는 것이다.

연관효과, 연쇄 반응이 있다. 하루 종일 수능을 보는 것은 피곤한 일이다.

눈으로 보고, 눈으로 보면서, 머리로 생각하고, 머리로 생각하면서, 바로 잔 동작 없이 필기한다. 방금 열거한 내용은 매우 유기적이다. 이때 자세(손모양, 허리, 팔 등)가 틀어지면 곤란하다. 생각, 사고의 오염 및 간섭이 발생할 수도 있기 때문이다.

미세한 차이에서 약간의 생각, 사고의 오염과 간섭은 절대적 차이가 될 수 있다.

왼손 쓰기는 위의 모든 것에서 불리하다.

.

4. 두뇌 능력 개발

기억력을 포함한 두뇌 능력을 향상 시키기 위해 바둑을 활용했다. 바둑은 잘하는 사람들, 앞서가는 사람들, 여유있는 사람들에게는 기본 소양이라고 생각했다. 그래서 필자가 영재 학생들을 지도하면서 바둑을 커리큘럼에 넣기도 했다.

2020년 MBC '공부가 머니?'라는 프로그램에서 이재용 아나운서가 아들에게 체스를 배우게 하는 것을 보았다. 체스를 통하여 소양과 지적 능력을 키우는 시도라고 생각했다. 바둑도 마찬가지로 소양과 지적 능력을 키우는 시도이다. 바국이나 체스(장기)는 둘 다 긴 호흡을 필요로 한다. 필자는 바둑에 더 높은 점수를 주고 싶다. 체스에서 할 수 없는 것이 있다고 생각하기 때문이다(개인 생각). 그래서 힘과 노력의 방향을 바꾸는 대표적 예시로 바둑을 선택했다.(수학 공부, 한문 공부도 마찬가지다.)

바둑은 기본적인 원리 정도 알면 된다. 기보를 외울 수 있는 능력을 키우기 위해서다. 기보 외우기는 무조건 외우는 것이 아니다. 기보 외우기는 교육적 효과가 탁월한 것 같다. 기보 외우기는 두뇌 개발, 두뇌 속도, 암기력 등 바둑의 장점을 공부로 전환하기 유리하다. 기보 외우기는 두뇌 속도 조절도 가능하다. 바둑의 끝내기는 우리가 삶의 태도로 삼기도 해야 한다. 우리가 보통의 스포츠는 획득한 점수가 능력의 부분으로 생각된다. 바둑의 끝내기는 보통은 내가 놓친 점수는 상대의 점수, 상대의 놓친 점수는 나의 점수가 된다. 즉 1점 이익은 2점의 차이를 발생한다. 경우에 따라서는 계속해서 추가 이익을 얻을 수 있다.(양선수 끝내기)

〈그때 생각〉

　바둑은 두뇌 회전, 기억력 증진 효과, 소양의 한 축 이라고 생각했다. 간단하게 두는 바둑은 즐거운 놀이라고 생각했다. 바둑을 통해 발전하는 두뇌 능력이 바둑을 선택한 궁극적인 이유다.

　기보 외우기 : 1번에서 250번 정도 외우는 것은 두뇌 개발의 가장 큰 도구이다.

　기보 외우기는 기억력, 암기력, 기본 원리와 두뇌 회전 속도가 필요하다.

　그때 많이 외운 학생은 1년에 기보 10개 정도 외웠다. 이 학생은 나중에 의대에 진학했다. 1년에 기보 5개 정도 외운 학생도 있다. 이 학생도 의대에 진학했다.
　여기에서 바둑이 하는 과정에서 발생하는 이점이 중요하다. 이겨낼 수 있는 능력이 생긴다. 태도가 형성된다. 그리고 실제로 두뇌 개발이 된다.

보통의 외우는 것은 머릿속에서 외우는 것도 있지만 바둑판에 놓아보면서 외우는 것도 있다. 모두 공간 감각을 키우는데 도움이 된다. 도형의 선대칭 점대칭 도형을 배우는 것과 비슷한 원리이다.

손을 사용하는 장점도 있다. 손을 사용하는 것은 어린이의 두뇌 개발에도 좋지만, 노년에 맑은 정신 생활, 취미 생활에도 좋다.

처음 1번부터 마지막 약 250번 정도까지의 수순을 가진 바둑 한 판을 순간적으로 머릿속에서 외울 수도 있다. 마치 영화에서 탁탁 탁탁 놓듯이 놓을 수 있다. 그래서 바둑 한 판을 머릿속에서 물 흐르듯이 놓으면 4분 정도면 바둑 한판을 외울 수 있다. 머릿속에는 1초에 1수 이상을 놓을 수 있으며 보통의 바둑 한 판은 250수 이내로 끝내기 때문이다.

특히 바둑의 초반을 머릿속에서 두는 것은 두뇌 회전의 가속력이 붙는 듯한 느낌이 든다.

머리의 가속화 현상(인터벌)을 경험할 수 있다. 두뇌의 인터벌 훈련이다. 순간적인 지적 능력, 머릿속 회전 속도, 연산의 속도 등을 키우는 것이다.

〈지금 생각〉

바둑의 사활은 코딩연습이라 할 수 있다. Yes or No, 0 or 1

바둑의 포석은 가치 판단의 중요성을 체득시킨다.

바둑의 정석은 기본 지식의 중요성을 의미한다. 개념의 중요성과
비슷하다.

바둑의 끝내기는 우선순위(바둑의 영역에서는 초반, 중반, 종반에
다 있지만)의 가치를 명확히 한다.

바둑의 '선수'라는 개념은 삶의 지혜와 인과 관계를 알려준다.

바둑의 초반, 중반, 종반의 순서는 전체적인 구성과 짜임새와 큰
그림을 알게 해준다.

지적 능력을 개발하기위해 두뇌 스포츠를 활용한다.
바둑이나 체스가 대표적이다. 요즘은 보드 게임이라는 명칭으로
우리 생활에 많이 들어와 있다. 체스를 포함한 보드 게임의 여러
가지 장점은 이미 많이 알려져 있다. 긍정적인 효과가 있다. 필자는
개인적인 소양을 위해서 같은 시간을 사용한다면, 바둑이 지력 향
상을 위해 훨씬 좋다고 생각한다.(개인적 생각)

같은 시간 노력한다면 전략적으로 바둑을 선택하는 것이 훨씬 효과적이다. 같은 노력이라면, 전략적 선택이 필요하다.

바둑은

소양의 영역도 있다.
정신 수련도 있다.
즉흥적인 마음 수련도 있다.
자세도 있다.
태도도 있다.
두뇌 개발도 있다.
참을성을 길러준다.
인내력을 길러준다.
앉아있을 능력을 길러준다.
손을 사용한다.
예법도 있다.
좋은 취미 활동이다.
외우는 것에 대한 두려움이 없어진다.
외우는 것을 잘하게 된다.(현대 공부에서 꼭 필요한 능력임)
코딩과도 연관 있다.

기억력 증진법으로 사용되는 바둑 기보 외우기 :

처음 1수부터 마지막 수까지 외우는 것은 두뇌 개발에 도움이 되며, 부수적인 효과로 바둑도 잘 두게 된다. 바둑의 깊은 수의 세계를 습관적으로 몸이 기억하게 하는 것이다.

순간적으로 머릿속에서 쭉 외우는 게 가능해진다. 막힘이 없다면 머리 속에서 바둑 한 판 약 250개를 놓는데 4분이면 가능하다. **두뇌 인터벌, 두뇌 가속력 훈련**이다.

단어 외우기도 머리 발달에 좋겠지만 다른 것을 하는 것도 좋을 것 같다. 바둑은 머리의 휴식을 위해서, 두뇌의 다른 능력의 사용을 위해서 좋다.

- 인내력과 참을성도 길러준다 : 공부할 때 길게 앉아 있을 수 있다. 2021년도 현재를 살펴보면 10분도 앉아 있기 힘든 학생들이 많이 있다.

- 바둑의 끝내기는 우선 순위의 중요성과 더하기 1의 가치가 1의 증가에 추가하여 상대의 빼기 1의 가치가 되어 총 2의 차이를 만드는 중요한 개념을 인지 시킨다. 양선수 끝내기는 정말 예술이다.

5. 빠르게 정확하게 큰 소리로 말하고,
   빠르게 정확하게 민첩하게 행동하기

   학교에서 학생들을 지도하다보면 느릿 느릿 하는 학생들이 있다.
   이렇게 느릿 느릿 하는 학생들에게 활기를 주고 자신감을 심어 주는 것이다.
   (이미 잘 하고 있는 학생은 필요없을 듯 하다.)

   발표 연습, 말하기 연습, 행동하기 연습이다.
   빠르게의 의미가 급하게의 의미는 아니다.
   급하다는 것과는 뉘앙스, 느낌이 다르다. 적정한 표현이 약간 어렵다.
   '신속하게', 정도의 느낌일까?

   적정한 속도로 말하기도 중요하다.
   여기에서의 빠르게는 애매하지만 아주 약간 보통보다 조금 빠르게 말하고 행동하는 것이다. 민첩함이라 할 수 있다. 똘방지다. 똘똘하다. 빠리 빠리 하다. 하여튼 약간 민첩함이 있는 학생들의 행동을 대표하는 표현이다.
   소리내어 아주 약간 보통보다 빠르게 말하기(읽기)도 포함한다.
   읽는 것은 아나운서처럼 읽으면 된다. 자세, 표정, 속도 등 모든 것에서 표준 이상을 제시한다.

   빠르게 행동하기는 판단력, 사고력이 커진다. 더불어 자신감도 생긴다. 그리고 반응력, 대응력이 증가한다.
   눈 빛, 안광을 살아있게 한다고 생각한다. '흐리 멍텅한 눈빛이다.'라는 표현의 반대개념이다. 구분이 모호할지 모르지만 느낌이 올것이라고 생각한다.

말하기와 행동하기는 정신력을 살리는 활동이라 생각한다. 여기에서 아우라, 쉽게 범접할 수 없는 알 수 없는 힘, 함부로 하지 못하는 힘 등이 나온다.

정신력을 깨우는 것은 빠르게 바쁘게 정신없이 사는 것이 아니다. 빠름 중에서 정신을 차리는 것이다. 그것이 빠르게 말하고, 빠르게 행동하는 것이다. 빠르게와 민첩하게의 느낌이 비슷하다.

빠르게 말하는 것은 이해도의 상태를 알 수도 있고, 연습하는 중에 이해도의 상승을 이끌수 있다.

자심감이 점점 커진다.

대인 능력이 커진다.

이것은 동질집단 내에서는 강정이 되기도 하며 또는 부족함을 보충할 수 있다.

'행동이 생각을 지배한다.'는 철학적 사유를 가지고 있다.

※ 주의사항 ※   말이나 글로 표현하기는 어렵다.

급하다, 서두르다, 허둥대다의 의미는 아니다.

행동으로 표현하면 '민첩하다'와 비슷한 개념이다.

6. 마인드 유지하기

6학년 꿈(진로) 이야기 : 의사가 되고 싶다.

〈그때 생각〉

　시골에서 의대에 진학하는 것은 힘들다. 그러나 의대를 목표로 노력하면 교대에는 진학할 수 있다. 사실 시골에서는 교대에 진학하는 것도 힘들다.

　또 다른 한편으로 드는 생각은 의사가 되고 싶다고 하는 것은, 학생들이 미래의 꿈이나 직업을 이야기하면 전통적으로 등장하는 대통령, 군인, 소방관, 교사, 의사, 과학자, 판사, 검사 등의 1개 정도 직업으로 생각했다.

　다른 한편으로 드는 생각은 '그렇지만 내가 노력해서 도움을 주면 교대는 갈 수 있을 것이다.'라고 생각했다. 그래서 목표는 높게, 호랑이를 그리는 정신으로 지도를 시작했다. 'TV는 사랑을 싣고 : 김영호 편'이 생각났다.

　그래서 목표를 놓지 않을 꿈과 현실적으로 와닿을 만한 비젼을 제시했다. 큰 꿈을 지속해서 자극할 만한 비젼을 제시했다.

　우선 : 의대를 갔을 때의 경제적 좋은 점을 이야기 했다.

눈에 보이는 경제적 소득을 이야기했다. 세속적인 것 같지만 효과는 좋다. 같은 의미지만 돈이라는 명칭과 경제력이라는 명칭은 표현과 어감의 차이지 대동소이하다.

〈그때 생각〉

연봉을 제시하고, 연봉을 월로 제시하고, 월을 주로, 주를 일로, 일을 시간으로, 시간을 10분으로...... 훨씬 와 닿았다. 돈의 중요성과 시간의 중요성을 설명하기 위해서였다.

그런데 연봉을 이야기 하는 것은 상당히 먼 이야기이다. 〈현실적인 필요와 결핍(원하는 바, 욕구)이 필요하다. 무엇이 와 닿을까?〉

그래서 대학 생활 이야기를 했다. 물론 경제적인 것과 관련있는 것이다. (세계인의 종교에서 하는 기원 중에 50% 이상은 궁극적으로 보면 경제적인 것과 연관되어 있다라는 말이 있다.)

열심히 근면하게 아르바이트를 하는 학생들이 접할 수 있는 일반적인 아르바이트와 열심히 정신적으로 근면하게 아르바이트를 하는 과외에 대해서 비교하여 이야기했다. 의대생 과외의 강점을 함께 이야기했다.

생각보다 현실적으로 받아들였다. 주변에서 식당, 카페, 패스트푸드 점 같은 곳에서 아르바이트를 하는 학생 신분의 직원들과 그들을 대하는 주변의 학교 친구들이나 또래 학생들의 좋지 못한 행

동, 태도, 언행을 봤기 때문이라고 생각된다.(물론 직업을 폄하하려
는 생각은 아니다.)

  국립대의 수업료와 사립대의 수업료 차이도 이야기했다. 국립대
의 수업료가 사립대의 수업료에 비해 훨씬 저렴하다고 했다. 열심
히 노력하여 국립대에 진학하면, 경제적으로 훨씬 여유롭게 대학생
활을 할 수 있는 것이다. 우리나라 평균 소득 25,000달러와 대학교
수업료를 비교하기도 했다. 가정에서 벌어드리는 소득이 생각보다
많지 않아 놀라는 듯 한 표정이었다.

  해외 여행의 아름다움을 설명해줬다. 근무했던 곳이 시골의 면
단위 초등학교라서 해외여행은 도시에서보다 생소한 것이기 때문이
다. (도시에서는 해외여행 경험이 있는 학생들이 많이 있다. 심지어
는 해외에서 장기간 체류하며 견문을 넓힌 학생들도 있다. 그러나
시골을 그렇지 못하다. 공항의 분위기, 특히 경계선을 통과하는 것,
면세점 분위기, 다른 나라의 느낌 등은 국내에서 할 수 없는 다양
한 경험을 확장시키는 것이다.

  그리고 해외 여행을 가볍우면서 즐겁게 설명했다. 쉽게 도전할
수 있을 것 같은 느낌이 들도록 하는 것이다. 이렇게 도전할 수 있
다고 생각하는 것은 힘들 때 자신의 의식하든지 의식하지 못하든지
힘을 낼 수 있는 내면의 안전장치를 추가하는 것이다.
  진취적으로 생각하는 마음은 다른 영역에서도 긍정적으로 효과가

발생한다. 힘들다가도 갑자기 힘이 날 수도 있다. 우리가 힘들어도 갑자기 눈이 맑아지고, 정신이 개운해지며 생각이 막 떠오르는 듯한 느낌이다.

해외 여행의 자랑이 아니라 해외 여행의 아름다움을 느낄 수 있도록 하는 것이다. 왜 공부을 잘 해야 하는지 사명감의 꼭지를 추가하는 것이다.

해외 여행의 가능성을 열어줬다. 중국은 정말 적은 금액으로도 갈 수 있다. 그러나 국제선을 한번 타면서 얻는 경험은 말로 표현할 수 없을 정도로 소중한 경험이라고 했다.

그래서 노래로 공부하는 한자와 문장으로 공부하는 한자를 했다. 한자 실력도 키우고 언어 감각도 키우고 언어 능력도 키우고 중국에 대한 두려움도 경감시킨다. 중국을 넘어서 세계 여행을 통하여 공부의 필요성을 키우려는 목적이 있었다.

그리고 일부러 특별히 과외를 통해서 아르바이트로 돈을 벌어서 2020학년도 겨울 방학이 되면 동생과 함께 즐겁게 해외 여행을 다녀 오라고 이야기 했다. 피는 물보다 진하다고 했다. 목표를 이루기 위한 동생과 함께하는 아름다운 책임감을 심어주려는 것이었다. 긍정의 눈빛이 추가되는 것을 느꼈다.

이렇게 열정의 고리를 하나 하나 추가하면 지칠 때 한 고비를 넘을 수 있는 힘이 된다. 해외 여행이 혼자라면 어렵지만, 함께 해외 여행을 떠난다고 하면 편하게 시도할 수 있는 안정감을 위서 그랬다. 동생의 해외 여행 경비를 준비하는 마음 가짐은 더 아름답다. 목표 의식도 더 커진다. (그런데 2020년은 코로나19의 1년이었다. 대학은 진학했지만 원했던 의대에 진학하지 못했다. 서울에 소재한 흔히들 이야기되는 TOP 10에는 진학했다. 그러나 코로나19는 이루지 못한 꿈에 대한 도전 정신을 깨워줬다. 사람이 한번 목표로 하는 것은 쉽게 포기하지 못한다는 것이 여기서도 나온다. **당시에도 이야기 해줬다.** 특히 아깝게 미세한 차이로 좌절을 맛보면 더욱 그렇다. 코로나19를 낭비하지 않고 긍정의 기회로 삼았다. 그래서 반수를 선택했다. 상황을 긍정적으로 받아들이라는 태도도 지도 했다. 이렇게 반수를 선택한 것은 본인의 의지도 있지만, 필자가 인생에서 아쉬움은 꼭 생각난다는 이야기도 큰 영향을 미쳤을 것이다. 그리고 의대에 진학했다. 결국 성공한 것이다.)

여기에서의 목표는 해외 여행이라는 소재를 가지고 소득을 위한 전략, 한자 공부, 하고 싶은 욕구, 진취적인 생각, 하고자 하는 긍정적인 마인드, 그곳의 아름다움, 가족과 함께, 가족을 위한 책임감 등 서로 복합적으로 연관되어 힘들 때 극복할 수 있는 교육의 상승 효과를 만들기 위해서였다.(해외 여행과 한자 공부에 이렇게 많은 뜻이 있을 지는 잘 몰랐었을 수도 있다. 주변에서도 수업에서 '해외 여행'을 언급하면, 낭비와 비슷한 개념을 지도했다고 생각할 수 있다. 필자가 생각한 자신감, 정신력, 태도 등을 자신도 모르게 몸에 스며들게 하기 위한 장치였다. 이런 느낌이다. 어느 날 나를 살펴보니 내면부터 강함이 생겨 있었다.)

　필자가 특별히 수학을 지도하였다. 이때도 '지금 열심히 배워서 동생을 지도해줘!'라고 사명감을 심어 주기도 했다. 이 말을 하면서 학생의 눈빛을 봤을 때 학생의 눈빛에서 확실히 작전이 성공했다는 것을 느낄 수 있었다. 시골에서 배우기 힘든 것을 학교에서 배운다는 즐거움과, 이것을 이용해서 가족을 챙긴다는 것은 필자가 지도한 수업 내용과 더불어 새로운 상승효과를 내는 것이다. 물론 그렇지는 않겠지만, 또 다른 생각으로 학교에서 가르쳐 주면 쉽게 가볍게 생각할 수도 있기 때문에 그런 생각을 미연에 방지하고자 하는 안전 장치였다. '오늘 배운 것을 꼭 동생에게 알려줘~~~!' 교육의 효과가 배가 된다. '수학 전체를 교육할 필요는 없다. 동생이 질문한 것 몇 개만 설명해줘도 그 효과는 크다.'라고 지도 했다.

　봉사의 이야기도 했다. 의료 봉사를 간 일이 있다. 학생들에게 의료 봉사를 갔다고 했다. 의사도 아닌 필자가 의료 봉사를 했다고 하니 학생들이 놀라는 표정이었다. 담당 영역이 사진 및 영상 그리고 그 외 다양한 일이라고 했더니 허탈해하며 웃는 모습이었다. 필자는 사진 및 영상 쪽에 관심이 있어서 담당하고 그 외 다양한 일들을 했다. 주된 의료 봉사를 지원하는 역할을 했다. 그러면서 봉사하는 의사들의 모습을 살펴봤다. 아름다웠다. 그리고 학생들에게 남을 위해서 봉사하는 의사들의 모습이 아름답다고 이야기 했다. 너희들도 꼭 이런 사람이 되라고 아름다운 사명감을 심어 주었다.(의사 뿐만이 아니라 남들을 위해서 봉사하는 모습은 아름답고, 필요하다.)

의사라는 직업을 돈을 많이 벌고 행복한 자기 만족의 생활을 할수 있다는 차원에서 접근할 수 있다. 이렇게 자기 만족의 형태로 접근하면 '돈을 조금 덜 벌면 어때?' 이런 나약한 생각이 생기기도 한다. 이 나약함이 크고 튼튼한 나무 기둥이 작은 구멍에서부터 시작하여 섞어서 무너지는 것처럼 의사가 되는 꿈을 무너뜨린다. 그래서 아름다운 사명감을 추가하여 봉사하는 사람이 되라는 홍익인간의 정신이 들도록 하였다.

그리고 기부도 훨씬 잘 할 수 있다고 했다.

학생들은 '선생님도 다시 시험보세요!'라고 했다. '다시 공부하고 싶지만 힘들다. 대신 너희들이 해라!' 라고 했다.

정성의 차이와 절대적 정량의 차이를 설명했다. 우리 사회에서는 부자가 기부한, 정성이 없어 보이는 약간의 거액 기부 행위의 가치를 낮게 평가하는 경우가 있다. 기부에는 정성이 들어가야 하고 정성의 가치를 높게 생각하기도 한다. 물론 맞는 말이다. 정성이 중요하다.

그래서 '정성스러운 만원 기부와 그냥 약간의 천 만원 기부의 차이'를 설명했다. 답은 '둘 다 필요하다. 그러나 정성이 담긴 천 만원은 얼마나 좋을까?'였다. 학생들의 성공을 기원하는 마음이다.

    흔히 성공했을 때에는 성공의 여러 가지 이유와 장점을 크게 생각하지 않는다. 거의 대부분의 상황이 누리면 되기 때문이다. 그냥 즐거움이다. 축하와 함께 자신의 일을 열심히 하면 되기 때문이다. 성공하기까지 자기 자신을 뒤돌아 볼 시간도 별도 없다.

    그래서
    실패의 경제적 효과,
    선택의 경제적 효과,
    돌아가는 힘듦,
    돌아갔을때의 경제적 손해,　등

    필요와 결핍(나름대로 가슴에 와 닿을 것들로 생각해서 설명했다.)을 나름대로 설명해서 마인드를 다듬었다.

7. 건강 관리 : 평소의 일반적인 건강 관리

건강이 중요하다고 한다. 성인인 필자의 경우도 하루에 건강에 투자하는 시간이 얼마 되지 않는다. 안타깝다. 생각보다 시간을 내는 것이 쉽지 않다. 15분 정도의 스트레칭 시간만 있어도 좋을 것 같다.

신체적 건강 및 정신적 건강을 관리할 필요가 있다. 외형적인 것과 내면적인 것은 동전의 양면과 같다. 그래서 신체적 건강을 관리하면 정신적 건강이 따라오기도 하고, 정신적 건강을 관리하면 신체적 건강이 따라오기도 한다. 동시에 진행되기도 한다.

그러나 정신적인 것인 보이지 않는 영역이기에 어렵다. 우선 가시화할 수 있는 신체적 건강(외형적인 부분)을 먼저 기술한다. 그리고 최소한 해야 할 것들이다.

신체적 건강은 자세 체력과 건강 체력으로 나눌 수 있다. 이것도 서로 유기적이다.

자세 체력은 단순히 바른 자세를 취하기만 해도 생성되어지는 체력이다. 바른 자세는 과학적이며 역학적이다. 바른 자세에서 오는 역학적 에너지는 에너지의 생성 자체가 자세를 취하는 것 자체에서 오는 자세 체력이 될 수도 있다. 별도의 노력 없이 선순환 에너지를 만든다. 대표적으로 건축에 쓰이는 아치를 생각하면 이해하기 쉽다. 아치는 만들어 놓으면 무거운 하중을 조화롭게 버틴다. 사람의 몸도 뼈, 근육, 피부가 잘 조화를 이루어 활동할 수 있다. 그래서 자세 체력은 만들어 놓으면 큰 노력이 필요치 않다. 습관의 일부이다. 그래서 습관이 잘못되면 그 자체로 엄청난 손해이다. 자세 체력으로 회복하는 시간도 오래 걸린다. 만성적으로 진행된 경우도 많다. 시력과 같은 경우는 회복 불가능하다. 요즘은 바른 자세가 무엇인지도 모르는 경우가 많다.

우리가 외형적으로 가장 먼저 평가하거나 평가 받는 부분이 바른 자세다. (자세 체력에서 오는 외형적으로 평가받는 장점이고, 자세 체력의 내면적 장점은 더 크다.)

옛날 동양에서 사람의 인물됨을 판단하는 신언서판(身言書判:외형, 언어, 글, 판단력)이라는 용어가 있다. 신언서판이라는 용어에서도 신(身)이 가장 먼저 언급된다. 외형적인 것이 중요하다는 것을 알 수 있다. (개인적인 생각이다. 순서를 생각하면 身 후에 言, 言 후에 書, 書 후에 判 이 된다. 순서가 바뀌기는 힘들 것 같다. 여기서 書는 단순한 字(글씨)가 아닌, 글씨보다는 생각을 표현하고 있는 글이라고 생각한다.)

건강 체력은 꾸준한 훈련과 반복을 통하여 몸에 힘을 넣는 것이다. 노력이 필요하다. 그냥 노력하는 것이 아니라, 자세를 갖춘 노력이다. 자세를 갖추지 않은 건강 체력은 역효과가 있을 수 있다.

건강 체력과 관련되어 훈련하는 것도 멋진 폼, 멋진 달리기 자세 등이 필요한데 자세 체력과도 연관이 있다. 멋진 폼은 단지 폼만 멋있는 것이 아니라 거기서 오는 자연 발생적인 역학적 에너지(직선 운동, 회전 운동, 지렛대 원리 등)가 있다. 자세 체력 자체로 건강 체력에 도움을 주는 것이다. 근육의 힘, 심장의 박동, 허파의 움직임, 소화기관의 정상 작동 등 보이지 않는 부분도 있다. 질병의 있음으로해서 오는 병약한 모습 등 도 있다. 건강이 무너져서 외형적으로 나빠 보이는 것이다. 자세 체력과 건강 체력은 유기적이다. 우선 자세 체력은 습관화 해야한다. 힘들이지 않고 얻을 수 있다. 자세 체력과 건강 체력을 함께 키워야 한다.

정신적 건강은 서양의 수도자나 동양의 명상하는 모습을 많이 떠올릴 수 있다. 신체적 건강에 비해 표현하기 어렵다.

신체적 건강과 정신적 건강은 조화를 이루어야 한다. 이렇게 조화를 이루기 위해 운동은 중요하다.

실력이 비슷하고 투입되는 질이 비슷하면 승부는 공부의 양이 결정한다. 서로 유기적이다. 건강이 나쁘면 집중도 하기 힘들고, 오래 공부하기도 힘들기 때문이다. 이것을 극복할 수 있는 것이 운동이라고 생각한다.

〈그때 생각〉

이때는 동양적인 것이 좋았다.(서양적으로 대표되는 것들은 너무 빠르게, 바쁘게를 강조하는 현대 사회의 시류를 대표한다고 생각했기 때문이다.) 물론 지금도 좋다. 동양적인 것이 정적인 것이 많다. 서양적인 것이 너무 난무 하며 빠르게, 바쁘게가 강조된다. 서양의 것은 동적인 것이 너무 많다. 정적인 것이 필요하다.

이때는 학생들과 타이치(태극권)를 했다. 좁은 공간에서 도구 없이 건강을 위해서 간편하게 쉽게 할 수 있기 때문이다. 학생들과 함께 하기는 했지만, 그때는 자료를 구하는 것은 어려웠다. 지금은 인터넷과 유튜브의 발달로 자료가 많아 졌다.
타이치(태극권)을 연습하면서 운동과 건강 증진 이외에 다른 세계로 빠지지 않게 주의해야 한다.
또한 태극권이라 하면 머리에 떠오르는 선입견도 버려야 한다.

건강을 위해 선택한 운동인 요가와 절하기는 둘 다 매트가 필요해서 탈락했다.

〈지금 생각〉

정신적 건강을 위한 방법이 필요하다. 집에 놋쇠 그릇이 있으면 수련의 일환으로 때려보면 좋겠다. 놋쇠 그릇을 활용하는 도구를 전문적인 용어로 싱잉볼이라고 한다. '공부가 머니'와 같은 방송에서도 종종 소개되기도 했다.

싱잉볼은 그 소리가 좋다. 파장도 좋다. 티벳인들이 명상하는 것을 보면서 생각했다. 파장, 파동이 의학적 효과가 있다는 것은 전주 세계소리 축제에서 소개된 적도 있다. 그 후에 2020년에 방송에 등장한 것이다.

싱잉볼을 때리는 행동 자체도, 소리와 파장과 파동과 함께 스트레스를 줄일 것 같다.

태극권의 특징은 단순한 운동이 아니다. 중심이동과 몸의 회전력과 동작의 가속력을 느낄 수 있다. 이런 느낌이 기(氣)라고 표현되는 것 같다. 유튜브에서 자료를 찾아보는 것도 좋다. 태극권은 예방적 차원의 운동이다. 호흡이 병해되며 중요하다. 단순히 따라하면 자세 건강은 오지만, 또 호흡에서 오른 다른 장점을 알 수 없다. 호흡은 마음의 안정을 가져온다. 스트레스가 많은 현대 생활에서 매우 중요하다.

운동에서 호흡을 강조하는 경우는 수영을 제외하고 별로 보지 못한 것 같다. 그래서 호흡의 영역에 관심을 두어 태극권을 하는 것도 좋은 것 같다.

동양적인 태극권이 서양 영화인 인턴에서 나왔다. 영화 인턴은 여성 감독 낸시 마이어스가 각본을 집필하고 연출했으며, 로버트 드니로와 앤 해서웨이 주연의 영화이다. 우선 배우의 지명도가 높다. 로버트 드니로는 미션, 대부, 원스 어폰어 타임 인 아메리카 등의 유명한 영화에 나왔고 아카데미 상을 수상하였다. 로버트 드니로가 출연한 영화의 음악들은 한 번쯤은 들어봤던 유명한 음악이 많으며, 스페인의 영화 음악의 거장인 작곡가 엔리로 모레코네의 작품이 많다. 엔리오 모레코네는 아카데미 음악상도 물론 받았다. 앤 해서웨이는 '프린세스 다이어리', '악마는 프라다를 입는다.' 등에 출연했다.

이렇게 유명도가 있는 배우들이 출연한 영화 인턴은 시작과 끝에 태극권이 등장한다. 주인공인 로버트 드니로가 영화가 처음 시작하면서 태극권을 하고, 영화가 끝나면서는 앤 헤서웨이도 함께한다. 태극권이 등장한다는 것은 현재의 건강과 미래 노년의 건강을 준비하는 사람들에게 태극권이 건강을 위해 좋은 운동이라는 것을 암시하기도 한다. 특히 동양에 비해 서양이라고 하면 과학적이라고 인식되기도 하는데 서양적 관점에서 만든 영화에 태극권을 활용하는 것은 더욱 의미가 있다.

태극권 : 예방적 차원이다. 복잡한 것도 있지만, 간단한 것을 추천한다.

요가 : 고양이 자세를 필두로 허리 목 등에 좋다. 필요 부분 치료적 차원이다.

절하기 : 허리를 위해 가장 좋다. 다른 두 운동에 비해 간단하다. 허리치료, 목치료, 어깨치료에 좋다.

절하기는 중동 이슬람 문화권에서는 하루 5회 매일 하며, 불교에서도 중요하게 생각한다. 신앙을 떠나서 운동 자체로 좋다는 것을 이야기 하려고 하는 것이다.

요가와 절하기는 예방과 치료 둘 다 가능하다. 매트를 사용해야하는 불편한 단점이 크다. 집에 침대가 있다면, 가볍게 고양이 자세 비슷한 스트레칭이 쉽게 가능하다. 생각보다 편하다.

마라톤 추가 : 마라톤이라면 일반적으로 꾸준하게 달리는 장거리를 생각한다. 조금만 관심을 가지면 5km, 10km, 하프, 풀코스 등 다양한 구간의 종목이 있다는 것을 알 수 있다.

그리고 그냥 달리는 것이 아니라, 번호표를 달고 누군가가 통제해주는 곳을 달리는 것은 좋은 경험이다. 어린 학생들에게는 상당히 좋은 경험이다. 번호표도 색깔에 따라 자릿수에 따라 선택한 코스가 구별된다. 이런 것도 알 수 있다.

마라톤은 정속도로 꾸준하게 달리는 것으로 생각되어지지만 순간적 달리기(인터벌 훈련)가 꾸준히 달리기를 포함해서 운동한다. 그래서 순간적 달리기가 마라톤을 운동으로 선택한 중요 선택의 포인트이다. 정적인 운동의 보강을 위한 동적인 운동이기도 하다.

인터벌 훈련은 공부에서도 필요하다. 갑작스러운 두뇌 회전이 필요할 때 필요하다. 여기서 바둑의 중요성과 연관성이 생각났다.(기

보 외우기의 3가지 방법)

일반적으로 동물의 세계에서 빠르게 달리지 못하면 죽는다. 포식자에게 잡아먹히기 때문이다. 나중에 생각한 사실은 포식자도 빠르게 달리지 못하면 죽는다. 사냥을 하지 못하기 때문이다. 천천히 달리기, 순간적으로 달리기 모두 포함되어 있다.

달리기는 의외로 팔과 어깨의 운동에도 도움이 된다. 인간이 직립보행을 하면서 손을 사용한다. 달리기는 일반적으로 알려진 효과와 더불어 팔과 어깨의 운동도 된다. 그래서 중요하다. 현실적으로 생각하면 현대 생활은 생각의 결과를 팔로 표현(글씨, 타자 등) 하기 때문이다.

마라톤은 유일하게 추천한 실외 운동이다. 인간에게는 햇볕도 필요하기 때문이다. 산소 공급 등 좋은 점이 있다. 몸에 전체에 충격(파동) 또한 주기 때문이다. 달리면서 발생하는 몸 전체에 주는 충격(파동)은 좋은 것 같다. 걸을 때 발생하는 충격(파동)과는 느낌이 다르다. 그래서 필요하다.

달리기는 내장 운동에 도움이 되는 것 같다. 횡경막을 당겨주는 것 같다. 달리기는 예방적 차원에서 좋다. 정적인 운동을 보완하기도 한다. 제자리 달리기와 앞으로 달리기는 다른 것 같다. 효과도 다른 것 같다.

달리기를 하는 방법은 계란 위를 달리는 느낌으로 달리라고 하는 달리기 지도법이 있다. 무릎에 무리가 가지 않도록 하는 것 같다.

달리기는 심폐지구력, 혈액 순환 등 에너지를 보존하고 생성하며, 혼자 할 수 있기 때문에 좋다.

정리 :

마라톤은 꾸준히 일정 속도로 달리기만 하는 운동이라 생각한다. 마라톤은 인터벌 훈련이 있다. 순간적 달리는 능력을 키우는 것이다. 이것은 머리 두뇌 회전에도 영향이 있다. 순간적 능력을 키우는 것은 유기적으로 모든 신체 활동에 관계가 있다. 심장의 박동, 허파의 운동, 혈액 순환 등이다.

육체적으로 달리면서 극한 정도까지 신체 능력을 활성화 시키는 것이다. 신체 능력 활성화와 함께, 극한의 상태에 도전하는 마음가짐, 극한의 상태를 경험하는 것, 극한의 상태를 경험하고 극복하려고 노력하는 것, 극한의 상태를 극복하는 것은 좋은 정신적 훈련까지 포함한다.

여기에 소개하는 운동은 주관적인 것이지만 나름 고민 했으니 선택하면 된다. 더 좋은 것이 있으면 하면 된다.

개인적인 사견인데 인간의 감성에 긍정적인 영향을 미칠 수 있는 운동을 선택하면 좋겠다. 운동이 감성에 영향을 미칠 수 도 있기 때문이다.

몽고의 '흐미'라는 음악은 입으로 특별한 소리를 낸다. 머릿속의 뇌에 소리로 자극을 주는 것 같다. 이것이 스트레스 해소와 정신 건강에 효과가 있어 보인다. 비슷한 음악이 전주 세계 소리 축제에 소개되었다.

슬로 시티, 슬로 푸드, 슬로 음악, 슬로 운동 등도 현대 사회에 어떻게 살아야 할지 이야기해주는 것 같다.

공부와 관련 없다고 생각되는 운동을 적었다. 이렇게 공부와 관련없는 운동을 선택해서 실시한 것은 스스로 건강을 위해 노력하라는 자세와 태도를 가지라는 것이다. 태극권이라면 싫어하는 사람도 있다. 그래서 '타이치'라고도 한다. 학생들에게 적은 시간과 노력을 통해서 최선의 컨디션을 만들라는 의미가 있다. 자기 관리를 해야 한다는 것이다.

타이치를 하지 않더라도 '건강'이라는 것을 생각하여 건강이 무너지지 않도록 관리하라는 의미가 더 크다. '생각하고 하지 않는 것과 그냥 생각없이 하지 않는 것, 알고 당하는 것과 모르고 당하는 것' 결과는 똑같다고 생각할 수 있다. '생각하고, 알고 있다.'는 것은 다음이라는 희망이 있다. '그냥 생각없이, 모르고'는 '생각하고, 알고 있다.'의 단계를 거쳐야 한다.

실력이 비슷하고, 투입하는 질이 비슷하면, 결국 승패를 좌우하는 것은 양이다. '물량에는 장사 없다.'라는 말이 있다. 공부하는 양을 늘리기 위해 건강을 강조한 것이다.

건강을 생각하는 마음은
    지금은 아니더라도,
    인생의 어느 순간,
    자신의 건강을 위해 생각하고 실천하기 위한
    삶의 태도를 만드는 연습이 될 수도 있다.

8. 공부 자세, 자세 체력, 공부 체력 키우기 : 학생의 건강관리

　외형적으로 학생들이 할 수 있는 것들을 정리했다. 반복되는 부분이 있지만 적는다. 우선은 건강을 위하여 필요한 것을 실시하는 것이 좋을 것 같다. 스스로 찾아도 된다. 외형적이기 때문에 실천하기 쉽다. 꾸준히 하는 것은 어렵다.

공부 자세 : 자세 건강 키우기.
공부 체력 : 체력 건강 키우기

　자세 체력은 선순환 구조이며, 신체 에너지를 관리, 보충, 생성할 수 있다. 특별한 노력 없이 그냥 자세를 유지함으로써 체력이 생긴다. 그래서 자세 체력을 하지 못하면, 단순히 자세 체력의 이점만을 놓친다는 것이 아니라, 자세 체력을 가질 수 있는 사람과 큰 차이가 발생한다.

　건강은 자세 부분 건강과 체력 부분 건강이 있다.
자세 부분에서 오는 건강은 습관의 영역이라 좋은 습관을 가질 필요가 있으며, 나쁜 습관에서 오는 나쁜 점과는 엄청난 차이를 만든다. 나쁜 습관을 하면서 발생하는 손해, 나쁜 습관으로 노력에서 발생하는 손해, 나쁜 습관의 가속화에서 오는 손해, 나쁜 습관에서 좋은 습관으로 바꾸는 손해 등이다. 여기서 발생하는 갭(차이)은 정말 크다. 바둑의 끝내기 계산법이 필요하다. 바둑의 끝내기에서 내가 1

집을 얻으면 단순히 1집의 이익이 아니다. 나의 1집 이익은 상대의 1집 손해가 된다. 즉 2집의 차이가 발생하는 것이다. 선제적인 1집 이익이 발생하는 경우는 가치까지 포함되어 더 크고 중요하게 생각한다.(바둑에서 양선수 끝내기는 정말 아름답다.)

빠르게 바쁘게 정신없이 사는 학생들에게 느림의 미학을 안내할 필요가 있다. 그래서 학생들의 건강을 위해 요가, 절하기, 태극권(나중에 발견함 : 느림, 호흡이 중요함)을 고민하였다.

요가를 고민함 : 전통적인 자기 운동임. 매트나 도구 같은 장비가 필요하기 때문에 어려움

절하기를 고민함 : 척추건강을 세우는 좋은 운동이나 매트나 방석같은 도구가 필요하기 때문에 어려움

고민하다가 우연히 태극권을 발견하였다. 맨손으로 짧은 시간 좁은 공간에서 쉽게 할 수 있는 좋은 운동이다. 원심력과 가속도가 있으며, 호흡하기가 병행하여 또 다른 이점이 있다.

〈지금 생각 1〉

태극권의 나비 효과 : 태극권에는 회전력, 원심력, 가속도를 사용

한다. 많은 것들이 너무 빠르게 움직인다. 천천히 움직이는 것이 필요하다. 태극권은 여전히 좋은 운동이다.

달리기를 통한 인터벌 훈련(순간적으로 스피드와 힘과 지구력과 극한의 능력을 키우는 훈련)이 있다. 마라톤을 접하면서 알게 되었다. 꾸준히 뛰는 마라톤도 인터벌 훈련이라는 순간적인 달리기를 해야한다. 그래서 달리기도 중요한 운동으로 선택했다..

인터벌 훈련은 머리 회전에도 필요하다. 바둑 250개 정도의 순서를 쭉 외우는 것이다.

목 운동 중요
척추 운동 중요 : 바른 자세
어깨 운동 중요 : 컴퓨터 작업
시력 강화 운동 필요

현대 사회는 눈과 어깨 팔 등을 많이 사용하다. 현대 사회의 대표적인 고질병 들이다. 태극권은 예방 효과가 있다.
요가 절하기 : 치료효과+예방효과
태극권 가장 장점 : 도구가 필요없다.
요가 절하기 : 매트가 필요하다.

〈지금 생각 2〉

요가도 좋다. 틀어진 근육 및 자세를 잡기 좋다.
절하기도 척추 건강에 좋다.
달리기는 전신운동이다.

학생들이 공부를 하지만 건강을 관리하는 시간이 필요하다는 이야기이다. 생각보다 어렵다. 게임을 하는 학생들 마저도 게임을 하기 위한 자기 건강 관리의 시간이 필요하다. 즐거운 게임을 하기 위해서 건강 관리를 해야하는데 하지 못한다. 공부하면서 건강 관리 하기는 더 어렵다.

제시한 운동이든 다른 운동이든
어떤 운동을 선택하던지,
건강 관리의 중요성을 이해하고
꼭 실천해야한다.

9. 전략적 운동 배우기 : 전체적으로 지금 생각이다.

  자세 건강, 체력 건강, 정신 건강, 소양 건강 영역 등을 발달시키는 것이 목표이다. 전략적 운동은 승부가 따라 오는 운동들이다. 승부에 집착해서 예의를 잃지 않아야 한다. 예의를 포함하는 것 까지가 전략적 운동 배우기 이다.

〈지금 생각〉

  사법, 외무, 행정 고시를 모두 합격한 변호사가 있다. 방송에서 인터뷰를 하는데 전략적으로 노력하는 모습을 알 수 있었다. 그냥 이루어지는 것이 아니었다.

  - 식사 시간을 단축하기 위해 밥을 비벼서 먹었다.
  - 비벼서 먹음에도 불구하고 씹는 시간이 오래 걸려서, 씹는 시간을 줄이기 위해서 야채를 짧게 썰어서 먹었다.
  - 방학이 되면 그냥 노는 것 보다는 무엇인가 운동을 배우는 것이 좋다고 했다. 축구를 좋아하면 그냥 운동장에서 공을 차는 것이 아니라 축구를 잘 할 수 있도록 추구 운동을 배우는 것이다.

  그래서 추천한다. 족구, 제기차기, 탁구, 배드민턴이다. 물론 더 좋은 운동이 있으면 하면 된다.

족구는 남자들이 주로 하면서 **부상이 적은 운동**이다. 군대에서 최고의 운동이다. 사회생활에서도 많이 한다. 주의 사항은 양발을 사용해야 한다. 족구를 많이 하면 신체 기능이 주로 사용하는 한쪽으로 편향될 수 있다.

제기차기는 박자 감각, 집중력, 체력 등에 좋다. 전통 놀이의 하나로 다양한 제기차기 방법이 있다. 주의 사항은 양발을 사용해야 한다. 익숙한 발을 많이 사용하면 신체 기능이 한쪽으로 편향될 수 있다.

탁구는 좁은 공간에서 가능하다. 배드민턴은 탁구보다는 넓지만 그래도 좁은 공간에서 가능하다. 탁구와 배드민턴은 방향성이 있다. 편향된 손과 발을 사용한다. 신체 기능이 한쪽으로 치우치지 않도록 주의해야 한다.

배우고 싶은 운동을 선택할 때 조건은 스타 플레이어가 필요없는 운동이 좋을 듯 하다. 개인의 신체적 조건, 역량 등으로 인하여, 하고 싶은 역할을 하고 싶어도 할 수 없는 경우가 많기 때문이다. 대표적으로 축구, 농구, 배구, 야구 등 우리가 TV에서 많이 보는 대부분의 운동들이 여기에 속한다. 사실 족구도 스타 플레이어가 있지만, 소수 인원 참석에, 역할이 분명하며, 개인적으로 좋아하는 운동이며 남자 같은 경우는 군대 생활에서도 좋기 때문에 스타 플레

이어가 있는 운동임에도 불구하고 추천했다.

운동을 배울 때 정식 규칙이 있으면 알고 운동에 참여하는 것이 좋다. 초등학생이 좋아하는 피구도 정식 규칙이 있다. 처음에 정식 규칙을 적용하면 학생들이 짜증을 낸다. 익숙하지 않고, 제약이 많으며, 평소에 잘했던 학생들에게 불리하기 때문이다. 그러나 정식 규칙을 적용해서 피구를 하면 학생들이 피구를 더 좋아하며 즐기는 것을 발견하게 된다. 정식 규칙은 학생들이 편하게 하지만 경기 곳곳에 있는 불공정성을 많이 제거하기 때문이다.

정식 규칙을 알고, 경기에 적용하는 것은 경기 외에도 생활에서 중요하다. 자신도 모르게 규칙이라는 것은 지키는 것이라고 무의식에 각인시키고, 이는 행동으로 나타난다.

야구, 축구는 규칙 정도는 알고 있으면 좋다. 소소한 즐거움을 줄 수도 있으며, 소양이나 상식 정도는 된다고 생각하기 때문이다. 4년마다 열리는 월드컵이 즐거워 진다.

바둑도 좋다. 두뇌 개발과 인내력과 참을성의 효과가 크다.

10. 소양 영역

〈그때 생각〉

모차르트를 들으면 똑똑해진다고 해서 모차르트를 들었다. 그냥 단순히 학생들이 똑똑해지라는 생각이었다.

음악 영역 (소양, 음악, 미술, 예술 등 으로 표현)에서 취미 등을 포함하여 소양 영역이 확장되었다. 바둑, 음악, 미술, 리코더, 미술 감상, 글씨쓰기 등을 포함한다.

〈지금 생각〉

클래식의 장점을 음미하고 있다.

학교에서 매일 듣는다.

클래식은 길다. 긴 호흡이다. 인내심이 길러진다. 참을성이 길러진다. 문화적 소양을 높일 수 있다.

클래식은 박자감이 일정하며 길게 지속된다.

변화 속에서도 일정한 박자감이 길게 작용한다.

인내력과 참을성이 있다는 것은 현대 생활에서는 큰 장점이다. 요즘 학급에서 학생들을 살펴 보면 대부분의 학생이 안경을 쓴다. 안경을 쓰지 않아도 눈이 나쁜 학생이 많다. 눈이 좋다는 것은 그 자체로 큰 장점인 것과 비슷하다. 안경을 쓰지 않는다는 조건 하나로 직업 선택의 폭이 많이 넓어 진다. 인내력과 참을성이 있는 것은 안경의 유무와 비슷한 느낌이다.

리코더 연주하기

리코더는 초등학교 과정에서 누구나 접하는 악기이다.

가격이 저렴하다. 가격 차이에 비해 소리 차이가 비교적 적다. 휴대하기가 좋다. 정말 큰 장점이다. 휴대하기 편한 하모니카에 비해 복잡하지 않고 단순하다.

리코더를 무시하는 경향이 있다. '도 레 미 파 솔 라 시 도' 단순하다고 생각하기 때문이다. 그래서 접근 방식에서도 단순하게 생각하여 연주 영역의 한계를 스스로 만들어 버린다.
'파#, 솔#, 높은 레, 높은 파, 높은 솔'은 단순해서 약간만 연습하면 연주할 수 있는 노래가 많아진다. 비틀즈의 예스터데이는 '낮은 라' 음을 생략하면 쉽게 연주할 수 있다. '낮은 라'가 등장하는 시간이 짧아서 듣는 사람들은 거의 인지하지 못한다.

곡 선정이 중요하다. 아이리쉬 휫슬로 연주하는 타이타닉, 오카리나 대표곡 대황하, 오보에 대표곡 넬라판타지아 등은 리코더로 연주하기 충분하며 아름답고 유명한 곡이다.

리코더 지도 여담이다.

시골에서 1명의 학생을 졸업시켰다. 1명의 졸업생이 있는 졸업식은 모든 초점이 그 학생에게 집중된다. 이벤트도 다양하게 한다. 거의 빠질 수 없는 것은 졸업생의 공연 이벤트이다. 우선 남학생임을 밝힌다. 1명의 졸업생으로 하기에는 어려움이 많다. 그래서 선택한 것은 리코더 연주다. 주위에서도 졸업 기념인데 리코더 연주를 한다고 하니 불안한 모습을 보였다.

지역 인사들도 방문했다. 면 단위 학교이므로 면장도 참석했다. (면장은 축사도 한다. 기념품이나 장학금도 준다.) 졸업생의 공연이라고 해서 기대했는데 리코더를 연주한다고 하니, 학생이 연주하기도 전에 실망의 눈빛이 보였다. 주변에서 바이올린, 플룻 등의 조금 더 근사해 보이는 악기 연주하는 것을 많이 봤을 것이라 생각되었다. 그러나 시골에서 다른 악기를 접한다는 것은 생각보다 어렵고, 사람들 앞에서 독주를 할 수 있는 실력이 되게하는 것은 정규 교육과정에서는 많은 시간과 노력이 필요하다.

한 명의 학생이 리코더를 들고 나오는 모습은 바이올린, 플룻 등에 비하며 그리 아름답지 못하다.(편견일 수 있다.) 그런데 연주가 시작되면서 면장의 얼굴은 실망에서 놀라움을 거치며 감동까지 느끼는 것을 볼 수 있었다.(주관적이다.)

곡 선정부터 신경썼다. 웬만하면 대중적으로 알 수 있는 곡, 타이타닉의 선율처럼 리코더의 특징을 잘 살릴 수 있는 곡, 졸업식에 어울릴만한 감정을 담아내는 곡 이어야 한다. 그 노래는 이선희의 인연이었다.

그리고 연습했다.

예상대로 작전은 성공했다. 감동의 무대로 만들고, 무사히 졸업 공연을 마쳤다.

리코더를 연주한다고 하면 단순하기 때문에 화음 정도는 넣어야 한다고 하는 사람들도 있다. 단순함을 보완하기 위해서이다.

화음은 부분이 나누어져 있다. 즉 누군가는 주선율, 누군가는 주선율이 아닌 곳을 연주해야 한다. 리코더를 연주하는 데에도 주가 되지 못하는 것은 조금은 많이 아쉬움이 남는다.

그래서 리코더를 연주할 때 필자는 주선율을 연습시킨다.

리코더 뿐만이 아니라, 모든 일에 주가 되는 마인드로 임하라는 뜻이 있다.

음악평론가 임진모 님의 말이 떠오른다. 〈두 가지를 잘해야한다고 했다. 읽는 것과 듣는 것이다. 눈으로 읽는 것은 머리로 가고, 귀로 듣는 것은 가슴으로 간다. 그런데 우리 나라 사회는 읽는 것은 많은데 듣는 것이 거의 없다고 한다. **책을 읽어서 머리를 채우고 음악을 들어서 가슴을 메워라!**〉 음악의 중요성을 이야기 한 것이라고 할 수 있다.

단순한 리코더지만 음악을 한다는 것은 좋은 것 같다. 경제적 형편 때문에 고급 악기라고 생각되어지는 악기를 연주 하지 못해도 충분히 음악을 즐길 수 있고, 주가 되는 연습을 할 수 있다는 생각이 든다.

개인적으로 좋아하는 악기는 기타다. 휴대하기 좋다. 다른 악기들보다 손과 발이 자유로운 악기이다. 입이 자유롭다. 머리가 자유롭다. 응용이 뛰어나다.
가수 장범준이 떠오른다.

사람들이 많이 하는 피아노, 바이올린, 첼로 등도 좋다. 악기의 기본인 피아노는 초등학교 때 배우면 좋다고 한다. 하여튼 리코더는 생각보다 좋은 악기이니 연습할 수 있으면 좋겠다.

☆ 악기 연주를 제외한 소양 또는 예술 영역

발레, 판소리, 오페라, 뮤지컬, 경극 등을 최소한 간접적으로라도 경험하기

〈지금 생각〉

지금도 정적인 것이 좋다. 클래식이라고 불리는 것이 좋다. 주위에 빠른 것이 많다. 자극적인 것도 많다. K-POP 등 음악이 너무

빠르다. 그래서 클래식 음악을 듣는다.(2021년 학교에 근무하면서 아침 시간과 점심 시간에 클래식 라디오 방송을 틀어준다. 그냥 선곡해서 틀어 줄 수도 있지만, 라디오에서 들려주는 간단한 악곡 소개는 학생들에게 클래식을 이해하기 쉽게 해 줄 것이라는 생각이 든다. 간혹 들려주는 사연 소개는 한 편의 수필을 읽어 주는 느낌이다. 아나운서의 정확한 발음은 교육적으로도 효과가 있다.

전통적인 동양 음악 특히 명상 음악을 들으려고 노력한다. 그때 (2015년 즈음)는 구하는 것이 어려웠지만, 지금(2021년 현재)은 인터넷이나 유튜브에 많이 있다.

〈음악이나 공연문화에 대한 짧은 소고〉

발레, 오페라, 뮤지컬, 경극을 보여주는 것도 좋다. 문화 소양적인 면에 좋다. 종합예술이다.

소양적인 면이 크다. 발레가 교과서에 소개되고, 발레 공연을 한다는 광고도 많은데, 발레를 한 번도 못 보고 학창 시절을 마친다는 것은 우울하다. 유튜브와 같은 영상을 이용해서 보는 것도 좋다. 일단 한 번 보면 두 번 보게 되고 관심이 가져지며 결국은 실황 공연을 보게 된다. 실황 공연이 좋긴 하지만 여기서 목표는 영상으로 보고, 느끼고, 생각하고, 목표 의식이 생겨서 실황을 볼 수 있는 사회적, 경제적, 교육적 위치까지 갈 수 있도록 노력하는 것이다.

어느 방송 인터뷰에서 들었다. 다큐멘터리 프로그램은 아니다. 흔히 불리는 예능 쪽의 방송이었다. 외국인 패널들이 나와서 서로 담화를 나누는 내용이었다. 5,000년 문화 강국 한국에서 내세울 음악적 문화 유산은 무엇인가? 당당히 판소리라고 했다. 처음부터 끝까지 다 봤나? 아니다. 문화적 충격이었다. TV에 등장하는 한국인 패널들이 한국의 전통 문화를 접하고 향유하는 모습이다. TV에 등장할 수 있는 위치에 있는 사람들의 모습이 이 정도이니 일반인들은 어떨까? 그리고 나를 돌아봤다. 나도 크게 다르지 않았다.

그래서 판소리 자료를 찾아봤다. 그 당시 기준이다. 외국의 발레나 오페라 자료는 인터넷에 있었다. DVD와 같은 음반이나 영상 자료도 있었다. 우리가 흔히 생각하는 공산주의의 경제적 수준을 가진 중국의 경극 마저도 인터넷에 자료가 굉장히 많았다. 그러나 판소리는 거의 없었다. 있어도 자료의 상태가 좋지 않았다. 이때 느낀 것은 판소리 자료나 국악 자료가 폐쇄적이라는 것이다. 누군가 관심이 있어도 찾기 어려웠다. 보는 것은 고사하고, 찾는 것 자체가 어려우면 쉽게 포기하는 현실을 감안해야한다. 그리고 멀어진다. 그리고 쇠퇴한다. 국악 자료는 개방적으로 바뀔 필요가 있다. 정말 좋게 제작해서 무료로 배포해야한다. 그래도 보지 않을 수 있다. 학생들의 국악 문화 수준을 높이기 위해 교육하고 싶어도 좋은 자료가 없는 현실이 안타까웠다. 유튜브 등에서 접하게 되면, 유튜브에서 찾아보게 될 것이고, 보게 된다면 실황 공연을 보고 싶어질 것이다. 그러면 더욱 발전할 것이다. 폐쇄적인 것은 결국 단절되고 단종될 것이라는 생각이 든다. 2021년도 현재는 어느 정도 많아졌다.

그래서 발레로 방향을 정했다. 생각보다 자료로 많고, 내용도 쉽다. 우선 발레는 언어의 장벽이 없기 때문이다.

이렇게 인터넷으로 접하게 된 발레는 조금 더 알게 되고, 스스로 영상으로 보게 되니, 직접 보고 싶어지게 되었다. 이렇게 영상으로 보는 단계에서도 문화적 느낌이 상당히 좋았다. 그러던 중 직접 실황 공연을 보고 싶다는 생각이 마음속에서 싹트기 시작했다. 그리고 러시아를 여행할 기회가 생겼다. 러시아의 발레는 세계 최고 수준이다. 비록 공산국가지만 톨스토이, 차이코프스키 등 문화 유산이 풍부한 나라이다.

러시아 여행을 할 때 발레 관람을 여정에 넣기로 했다. 발레를 관람하기 위해 노력하고 결국은 관람했다. 노력했다는 표현을 하는 것은 인터넷 예매의 어려움 때문이다. 우선 우리말이 아니고, 영어도 아닌 많이 생소한 러시아어 이기 때문이다. 인터넷 예매도 상당히 어렵다. 구글의 도움을 받았지만 2021년 현재로 보면 그때의 인터넷 수준은 지금과 비슷하지는 않았다. 또 볼쇼이 발레단, 모스크바 국립 발레단은 여름 휴가를 갔다. 즉 내가 여름 휴가면 그들도 여름 휴가인 것이다.

중국과 러시아와 같은 공산권에 대한 느낌은 경제적 수준으로 우리와는 다르다는 생각이 든다. 그런데 생각한 것 보다 티켓 값은 많이 비쌌다. 또한 구하려고 해도 좋은 자리는 이미 예매가 되어있고, 약간은 애매한 티켓이 구매가 되는 것이다. 같은 금액으로 볼 수 있는 자리가 여러 군데 있다. 일찍 예매하면 같은 금액에서도 최고의 자리를 선택할 수 있고, 나중에 예매하면 같은 금액이라지만 다음 등급 좌석과 비슷한 경계 지역의 자리를 구해야 한다.

우리가 생각하는 수준의 경제력을 가진 공산권 국가인 러시아가 발레 공연을 하는데 비싸다고 생각되어지는 티켓이 거의 매진이라는 것은 러시아와 같은 공산국가의 문화 수준에 대한 고정관념을 깬 문화적 충격이었다. 그리고 관람을 위해 오는 어린이들의 모습도 상당히 단정했다. 이렇게 하나 하나가 쌓여서 문화인이 되고 문화 강국이 되는 것 같다. 우리 나라와는 약간은 다른 공연 관람의 문화적 생소함을 느낄 수 있었다.

클래식한 것은 볼수록 들을수록 좋아진다. 알수록 좋아진다고 할 수 있다. 따분하다고 치부하면 멀어진다. 그리고 소양이 멀어진다. 비슷한 수준의 집단에서는 사소한 것 때문에 승부(?)가 결정이 된다. 최소한 학창 시절에는 클래식이 인생의 여러 영역에서 긍정적인 영향을 끼치기 때문에 필요하다.

어렸을 때 모차르트 음악을 들려주면 좋다고 한다. 이유는 머리가 좋아진다는 모차르트 이펙트 등으로 불린다.

다른 의미로 클래식은 보통 시간이 길다. 긴 시간을 감상하는 것은 인내심과 참을성이 길러진다. 길 시간이 사용되고 끝까지 할 수 있다는 것이 큰 장점이다. 현대 사회에서처럼 짧은 호흡 위주의 삶에서는 더욱 장점이 된다.

음악은 우선 정신 건강에 좋다.

미술은 켈리그라피를 하는 것도 좋은 것 같다. 여기서 켈리그라피는 우리가 흔히 볼 수 있는, 다양하게 예쁘게 글씨를 쓰는 것이 아니다. 정서법 켈리그라피로 한정한다. 정서법을 주장하지만 한글은 흘림체, 영어는 필기체를 허용한다. 한자와 숫자는 정서법으로 한정한다. 켈리그라피를 통하여 숫자 바르게 쓰기, 수 전개하면서 풀기, 한글 정서법 쓰기, 영어 바르게 쓰기(영어는 필기체 쓰기가 있어서 좋다.), 한자 바르게 쓰기, 한자 문장 쓰기 등을 하여 학습과 연관시키는 것이다.

이렇게 해서 공부를 위해 최상의 컨디션을 만들고, 시간이 남으면 취미 활동 마저도 공부를 위해서 하고, 수능에서 원하는 좋은 점수를 획득한 후 자신이 하고 싶은 취미를 찾는 것도 좋을 것이다. 인생 100세라고 한다. 15세 이전에 이 모든 것이 거의 확정되니 투자할만 하다.

전체적인 목표는 수능에서 최고의 성적을 만드는 것이다. 공부와 더불어 인간적 아름다움을 동시에 갖는 것을 목표로 한다. 인성 부분은 꼭 필요하니 바른 인성이 되도록 계속 노력하고, 공부 이외에 부족한 소양이라고 생각되는 부분은 수능이 끝나면 열심히 보충해야 한다.

바둑도 소양의 한 영역이다. 두뇌 발전, 참을성 키우기, 대인 관계, 인생의 철학 등을 포함한 재미가 있다.

YS 큐브게임도 그래서 개발했다. 루미 큐브와 비슷하다. 바둑이 지적인 놀이라면 루미 큐브는 운이 추가된 지적인 놀이, YS 큐브게임은 지적인 놀이에 운적인 요소를 많이 추가하여 두뇌 발달과 재미를 확장시켰다. Yes, Say의 의미와 Young Seek 의 의미를 담았다.

편식하는 것도 소양의 한 영역이다. 수능이 끝나면 힘들어도, 알레르기와 같은 건강상의 이유가 아니면 편식도 고쳐야한다.

바른 연필잡기도 소양이다. 수능을 보고 나면 동질의 집단으로 재구성 되기 때문이다.

바른 자세도 소양이다.

음악도 소양이 될 수 있다. 수능이 끝나면 더 매진해야 한다.

노래도 소양이다.

글씨 쓰기도 소양이다.

말하는 자세, 소리, 눈 빛 마저도 소양이다.

많은 것들이 소양이 된다.

소양으로 언급하는 것 중 몇 개는 수능 이후에 긴 인생에서, 인생의 다음 단계로 가는 실력으로 변하기도 한다. 동일 집단이 되었기 때문이다.

11. 목표 설정 기법 : 편집 위치 고민하다가 앞에 기술된 것들의
요약 편처럼 적었다.

꿈에 선한 마음 입히기
   자신의 성공은 나를 포함하여 다른 사람을 위한 것이다.
   좋은 일 하는 사람 많다.
   착한 일의 절대적 가치 설명하기
   기부의 절대적 가치 설명하기
   경제적 중요성을 이해 시키기

해외 여행 이야기
   즐거움 기대하기
   가족애 심어주기
   여행의 에피소드 이야기로 가고 싶은 마음 심어주기

봉사활동 이야기
   꿈에 사명감 입히기
   나의 성공은 자기 자신만을 위한 것이 아니다.

가족을 생각하는 마음
   지금 알려주는 것을 잘 배워서 동생에게 꼭 알려주기
   좋은 대학에 가서 좋은 아르바이트를 하여 돈을 모아서
      동생과 함께 해외 여행가기

아르바이트의 중요성

　　아르바이트의 다양성을 통해 일의 중요성 알기

　　좋은 아르바이트 구별하기

　　경제적 보상이 있는 현실과 미래를 준비하기

미래 생활의 안정성

　　지금의 노력이 향후 나머지 인생을 가른다.

　　세상 사람들의 고민 중 50% 정도 이상은 경제적인 것과

　　　연관이 있다.

　초등학교를 졸업하고, 1년에 1~2번 정도 식사를 한 것은 이렇게 긍정적으로 관심을 가지고 응원하는 사람이 있으니 힘들어도 버텨서 이겨내라는 나름대로의 의미가 있었다.

* 기본 편 맺음말

　1부의 내용은

　최선의 상태를 위해 밖으로 보이는 것, 밖으로 보이지 않는 것
등 모든 것을 수능에서 최상의 상태를 만드는 목표를 가지고 전략
적으로 접근했다.

　지식, 체력, 의지, 감동, 문화, 소양 등의
　총체적인 내용이며,
　지적 내용을 증가시키기 위한
　기본 토대와 마음가짐을 기술 했다.

　이것을 바탕으로 2부를 진행한다.

　2부의 내용은

　학업 성취력을 높이기 위해
　과목별로 구체화하여
　실행한 내용이다.

II. 공부 편

과목별 지도법을 적었다. 단순한 것도 있으며, 이런 것도 해야하나 하는 웃음이 나오는 것도 있을 것이다. 아무런 언지 없이 기술했더라도, 나름대로 정보로 생각되고 도움이 될 것 같으면 선택하면 된다. 여기에 나오는 〈지금 생각〉으로 표시된 것은 그때 했던 것을 지금의 시점으로 정제된 것을 적은 것이고, 〈그때 생각〉은 그 시절 그냥 정제함이 없이 좋다고 생각했던 것들을 시도한 내용이다.

어떤 것은 학원에서 지도하는 방법과 비슷하다. 벤치 마킹을 한 것이 아니다. 이미 학교에서 학생들을 지도하고 있었던 것이 학원에서 지도하는 방법과 비슷했던 것이다. 결국 선한 의지를 가지고 학생들이 이루고자 하는 목표를 향해 최선의 지도 방법을 생각하면, 지도의 궁극적인 방법은 비슷하다는 것이다.

어떤 것은 동료 교사가 자녀의 교육을 위해서 필요로 했다. 한눈에 봐도 자녀의 교육에 도움이 될 것 같았기 때문이다.

어떤 것은 서울 강남에서 학원을 보내는 엄마가 눈빛을 반짝이며 들었던 내용이다. 지도를 위해 도움을 받기 보다는 자신의 정보력으로 지원하고 있는 자녀의 교육 방향이 맞는지 확인하는 듯한 느낌이었다. 대한민국 사교육 1번지의 교육과 공교육에서 진행되는 교육의 접점을 알아보려고 하는 듯한 느낌이었다. 자녀의 미래를 위해 실수 없이 지원하기 위해 열심히 노력하는 모습이었다. 여러 가지 설명을 하는 중에 확연히 눈빛의 변화가 있는 곳이 있었다. 그 방식대로 본인이 지도하고, 서울의 학원에서 지도하고 있었을 방법이라고 생각된다.

어떤 것은 의외로 간단해 보여 놀라기도 했다. 그러나 그 간단해 보이는 것을 간파하지 못했나 자신을 뒤돌아 보고, 본인의 자녀가 실행되고 있는지 궁금하여 자문을 구하기도 했다.

어떤 것은 전주에서 자립형 사립고를 보낸 엄마가 '이것은 어떻게 알았나요?'하고 물어본 것도 있다. 그분이 파악하고 있는 잘 나가고 있는 학원들이 표방하는 대표적인 특징을 가진 지도법들과 일치하는 부분이 있었기 때문이다.

어떤 것은 지방에서 의대를 10명 이상 보낸 고급 과외 선생님의 비법이다. 학생 지도를 위해 조언을 구하기 위해 물어봤다. 이미 학교에서 진행하고 있었던 것도 있었다. 필자가 학교에서 지도하는 방향이 정확했다는 것을 확인해주었다. 결국 지도의 방향은 비슷했다는 것을 의미한다.

시골의 지방 초등학교에서 의대를 가는 것은 생각보다 힘들다. 요즘처럼 개천에서 용 나기가 어렵다고 하는 시류 속에서는 더욱 힘들다. 초등학교 6학년 1년의 담금질로 중학교, 고등학교 6년을 버틸 수 있는 실력과 저력을 키우는 것은 생각보다 많은 힘, 노력, 전략이 필요하다.

그러나 해냈다. 1명이 의대에 진학했다면 운적인 요소가 강하다고 할 수 있다. 그러나 2명이 의대에 진학했다면 무시하지 못할 무엇인가가 있다는 확신이 든다.

공교육에서 의대를 목표로 공부한다는 것이 너무 지식 위주의 교육이라고 생각할 수도 있다. 1부와 2부에 있는 내용을 살펴본다면 의대에 진학한 것이 지식 교육을 포함한 전인적 인성교육의 좋은 결과라는 것을 간과하지 못할 것이다.

살펴보고 도움이 되었으면 좋겠다.

0. 기본 전제 : 공부를 하기 위한 기본 전제
   두뇌 개발, 체력 함양, 최소한의 기본 자세 확립, 견딜 수 있는 마인드 등
1. 수학 공부 편
2. 한자 공부편
3. 독서 편
4. 영어 편
5. 국사, 사회, 과학 편

0. 기본 전제

기본적으로 이런 것들은 되어 있어야 한다. 기초 기본을 바라보는 철학적 사유(초보자가 해야하는 것과 고급으로 가기 위한 필수 코스)를 생각하는 것이다.

- 두뇌 개발
- 자세 갖추기
- 체력
- 마인드

두뇌 개발 : 암기력, 단어 외우는 것과는 또 다른 결이 있다.
바둑의 기보 외우기를 통한 두뇌 가속력 연습하기이다. 기보 외우기를 통해 증진되는 암기력은 단어 외우기와는 또 다른 느낌이 있는 암기력 훈련이다.

자세 갖추기 : 공부를 열심히 하기 위한 자세는 본격적인 공부를 하기 전에 습관화 시켜야 한다. 자신도 모르게 바른 자세를 해야한다. 공부를 시작할 때 바른 자세를 하는 것 부터가 공부의 시작인 것이다.

바른 자세를 하고 있으면, 체력 손실도 적도, 효율도 높다. (집중력도 길게 유지할 수 있다. 양질의 공부를 긴 시간 꾸준히 할 수 있다.) 여기서 발생하는 잉여 에너지는 다른 공부를 더 할 수도 있고, 최소한 쉬는 시간을 확보해준다. 자세 체력이라고 정의했다. 특별한 노력을 하지 않는 선순환 구조를 만든다.

체력 : 자신에게 적합한 운동을 선택해서, 연습하면 된다.
꾸준한 건강 관리는 수능까지 최상의 컨디션을 유지시켜준다. 공부라는 것이 고정된 자세로 오랫동안 많은 시간을 해야하므로, 스트레칭과 같은 것을 꾸준히 하여 몸과 재세를 잘 유지하는 것을 습관해 해야 한다. 체력이 좋으면 맑은 정신을 유지하는 것이 유리하다.

마인드 : 목표를 가지고 스스로를 가다듬어야 한다.
마인드가 좋으면 힘든 고비를 생각보다 쉽게 넘길 수 있다. 힘든 고비가 미연에 방지되어 오지 않을 수 있다. 미래의 꿈을 이루기 위해 안전장치를 추가하는 것이다.

서로 유기적으로 관계가 있다. 수능의 본격적인 공부를 하기 전에 어느 정도 습관화 되어 있으면, 상승 효과가 발생한다.

1. 수학 공부 편

수학은 중요한 과목이라고 생각한다. 수능 시험의 모습을 생각해보자.

1교시는 국어다. 정시까지 고사장에 입실하는 스트레스와 시험이 시작하는 떨림으로 수험생 대부분이 긴장된 상황에서 우리글로 시험을 본다. 난이도의 문제는 있을 수 있으나 수험생들에게 비슷한 조건이고, 우리글이기 때문에 시험과 관련된 수험생들의 특별한 심리적 차이를 발견하기 어렵다. 얼떨떨한 긴장 속에서 1교시 시험을 마친다.

2교시는 수학이다. 정신도 좀 차려지고 분위기도 익숙해진다. 그래서 중요하다. 문제당 배점도 크다. 차이가 발생하기 쉬어진다. 약간의 실수가 결정타가 될 수 있다. 이때의 실수는 이후 점심 시간, 3교시 시험, 4교시 시험에서 뜻하지 않는 부정의 나비효과를 발생한다.

'수학 공부 편'의 기본 생각은 다음과 같다.

〈탁바위 : 실제공부편〉에서 소개되는 것과 전체적으로 일맥상통한다. 수학을 잘하는 것을 넘어서, 수학 문제를 잘 푸는 것을 넘어서, 수능에서 높은 수학 점수를 맞는 것을 넘어서, 전체 수능을 최상의 컨디션으로 유지하며 잘 보는 것이다.

여기서 꼭 생각하는 것이 **전체 수능을 잘 보는 것을 목표**로 하는 것이다. 수능을 잘 보기 위해 기본 자세, 운동, 두뇌 훈련 등을 1부에서 소개한 것이다. 이후에 등장하는 수학, 한자, 독서, 영어 등의 교육도 수능 전체를 잘 보는 것으로 전략을 세웠다. 이렇게 전략을 세워서 실천하려고 해도 흔들린다는 것을 잊지말자.

수능에서 수학이 중요한 이유는 수학 문제 1개는 진학하고자 하는 학교를 바꾸고 심하면 목표하고자 하는 학과를 바꿀 수 있기 때문이다. 학교를 바꾸는 것은 인정할만하다. 약간의 경제적이나 사회적 손해를 보면 되기 때문이다. 학과를 바꾼다는 것은 꿈을 바꾼다는 것이며 인생의 두고 두고 한(恨)이 된다. 그래서 재수는 기본적으로 하는 과정 중에 하나가 된다.

수학의 실수는 전체 수능에 영향을 미치며, 점심 시간 및 이후 나머지 시험 시간에도 영향을 미친다. 수학 시험에 적정 수준 이상의 많은 두뇌 에너지를 포함한 신체 에너지를 사용하면 곤란하다. 시험 뿐만이 아니라 평소 수학 공부에서도 마찬가지이다.

필요 없는 두뇌 에너지를 사용하여 전체적인 에너지 관리를 하지 못하는 경우를 종종 발견한다. 그래서 평소에 좋은 습관으로 꾸준히 하는 것이 중요하다. 수능을 위한 최상의 상태가 몸에 배어 습관화 되는 것이다. 수능 수학만 잘 보면 될 것 같은 생각은 금물이다. 평소 공부를 포함하여, 수능 자체를 끝까지 좋은 컨디션으로 잘 보는 것을 목표로 한다. 그래서 두뇌 에너지를 포함한 에너지 관리가 필요하다.

두뇌 에너지의 소비를 최소한으로 하기 위해 지도했던 수학 공부 공책은 동료 교사가 자녀 교육을 위해 빌려달라고 할 정도 였다.

6학년 1년을 지도하면서 시작한 수학 지도는 '손으로 풀면서 문제를 해결하는 습관 만들기' 였다. 처음에는 반발도 있었다. 수학을 잘 하고 있는데 왜 해야 하는지 모르는 듯 한 눈빛이었다. 기존의 수학 지도법과 다르기 때문일 것이다. 머리로 하는 것이 더 잘하는 것 같이 보이기도 했을 것이다. 귀찮기도 했을 것이다. 느려 보이기도 했을 것이다. 갑갑했을 것이다. 그러나 꾸준히 했다. 그리고 이것은 초등학교를 졸업하고 중학교 고등학교에서 버틸 수 있는 학생에게 실시한 수학의 특별 공부를 수행할 수 있는 바탕이 되었다. 2020년과 2021년 현재 교실(도시:교육청 옆 학교)에서도 손으로 문제를 풀면서 해결하라고 수학을 지도하면 학생들의 반발이 많다. 2020년과 2021년 현재에도 동료 교사, 학원 교사, 부모님, 학생 본인 등 머리로 쉽게 해결할 수 있는데 왜 굳이 손으로 하라고 하는지 동의하지 못하는 사람도 많다.

이 방법은 서울 강남의 학부모가 자녀를 보내는 수학 학원에서 학생을 지도하는 방법이고, 지방에서 자녀를 자립형 사립고에 입학시킨 엄마가 알아본 학원에서 지도하는 방법이며, 의대에 진학한 2명의 학생도 도움이 되었다고 하는 지도 방법이다. 여기에서의 목표는 단순히 수학을 잘하는 것이 아니라 수능 전체를 잘 보는 것이다. 평소 두뇌 에너지의 절약도 포함된다. 이로 인한 잉여 에너지, 잉여 시간을 활용할 수도 있다. 실수를 줄일 수도 있다.

손으로 풀면서 문제를 해결하는 수학 공부의 습관 만들기는,
    두뇌 에너지 절약이다.
    검토할 수 있다.
    피드백이 수월하다.
    실수가 줄어든다.
    남는 시간이 발생한다.
    잉여 에너지가 발생한다.
    두뇌 에너지 절약은 잉여 에너지로 다른 과목에
        투자할 수 있다. 최소한 쉬는 시간을 가질 수 있다.

공책에 단계적으로 수평으로 푸는 연습하기
    깔끔한 공책 정리라고 착각하면 곤란하다. 머릿속에서 생각되어지는 식을 쓰고, 그 식을 전개하면서 해결하고, 계산하는 것을 연습하는 것이다. 틀린 것을 해결하는 방법도 단계적으로 푸는 방법에 넣어야 한다. 생각이 빨라지며, 생각이 정리되고, 실수를 줄이고, 의외로 시간을 줄일 수 있으며, 문제 해결에 몸과 정신이 습관적으로 반응하여 긍정적 효과를 만든다.

세로로 진행하며 수평으로 정렬하며 문제 해결하기

　가로로 문제를 해결하는 경우가 많다. 나쁜 습관의 시작이며 실수도 많아지며, 두뇌 에너지의 소비도 많다. 사람의 신체 구조 및 시선의 처리는 좌우 이동보다는 상하 이동이 쉽다. 그래서 시선의 좌우 이동은 시선의 상하 이동보다 에너지 소비도 많고, 정신도 예민해지고, 이로 인해 실수도 많아진다. 식의 단계에 따른 변화를 비교하기 어렵기 때문이다.

　이것은 답만 맞으면 되지! 답안지 해설도 그렇게 하잖아! 교과서 해설도 그래! 이런식으로 타협하면 곤란하다. 잘못된 습관은 실수를 유발한다.

　수학 공부를 잘하게 되면 이 방향으로 귀결하게 되지만, 어렸을 때부터 이미 정립되어 있으면 시행착오로 낭비되는 시간 낭비와 고치기 위해 노력하는 에너지 낭비 등을 줄인다. 중요한 건 스트레스의 임계점을 넘지 않는다는 것이다.

　세로로 해결해야 시험지 공간을 활용하기가 유리하다. 수능 시험은 공책이나 연습장에 푸는 것이 아니다. 시험지에 해결해야 한다. 평소 습관이 중요하다.

곱셈이나 나눗셈은 세로로 자리에 맞춰 수평으로 문제 해결하기

　자리를 맞춰서 해결하지 않으면 실수를 발생하기 쉽다. 평소에 습관화하면 자신도 모르게 자리에 따라 줄을 맞춰서 문제를 해결한다. 특별한 노력이나, 에너지 소비가 없다. 에너지의 사용 방향을

바꾸는 것이다.

식을 쓸 때는 옆으로 진행하면서 올라가거나 내려가지 않도록 한다. 옆으로 일정하게 쓰면 되는데 학생들이 교과서에 문제를 해결한 것을 검사하면 위로 올라가거나, 아래로 내려가거나 정렬이 되지 않는다. 습관화 시키면 어려움 없이 깔끔하게 정리하면서 문제를 해결할 수 있다.

지우개 사용하는 것은 금지한다.
　지우개 사용을 금지하는 것 또한 동료 교사, 학원 교사, 부모님, 학생 본인 등의 반발이 많은 공부법이다.
　틀린 내용을 아는 것도 공부이며 쓴 과정에서 실수한 곳을 빠르게 찾는 것도 공부다. 모든 것이 수능에 맞춰져 있다.
　시간을 절약할 수 있다.
　지우는 활동의 쓸데 없는 에너지 소비를 줄일 수 있다.
　틀린 부분은 깔끔하게 ×표 또는 2줄을 활용하여 바른 식과 틀린식 구별하기. 이것도 연습이 필요하다. 깔끔한 정리는 기본이다. 지우개로 지우는 것은 이런 것을 방해한다. 때로는 더 지저분하기까지 하다.
　심지어 깨끗하게 쓰는 것의 개미 지옥에 빠져, 공부가 아닌 깨끗한 노트 정리를 위해 시간, 에너지를 낭비하는 경우를 본다. 안타깝다.
　다른 과목에서도 지우개를 사용하는 것은 생각보다 부작용이 많다. 그래서 필자는 만년필 쓰기를 수학을 포함해서 모든 과목에 도입하기도 했다. 만년필을 쓰면 지우개를 사용하여 지우는 것이 원천적으로 차단되기 때문이다. 이것은 지우개 사용의 폐단이 너무 많기 때문이다. 만년필의 사용은 공부하는 바른 연필잡기, 바른 학습 자세를 유지하는데 도움을 준다. 필요없이 강하게 누르는 필압을 조절하는데 좋다.

● 예쁜 글씨 쓰기는 아니지만 숫자는 깔끔하게 부호도 깔끔히 쓰라고 한다.

● 종종 보면 숫자의 끝이 날라가는 학생들이 있다. 정신도 날라간다. 실수가 발생한다.

● 숫자 5을 제대로 쓰지 못하는 학생들이 많다. 쓰는 순서도 모른다.

● +, ÷의 쓰는 순서를 모르는 경우가 많다. -을 먼저 쓴다.

● =를 쓸 때 펜 끝을 날린다. 등호의 사용은 전에 사용한 식과 비교하는 과정이다. 이때 등호의 끝을 날려서 쓰면 정신도 날라간다. 실수가 나온다.

● 분수 문제를 해결할 때에도 분자 먼저 쓰는 학생들이 발견된다. 과정을 살펴보지 않으면 알 수 없다. 그냥 답만 맞으면 하는 경우다. 분자 먼저 쓰면 계산 과정의 생각의 흐름이 어긋나서 실수의 확률이 높아진다. 사람마다 다르지만 분수를 쓸 때는 약간씩 다르다. 그래서 분수 기호 ― 를 쓰고 분모 분자의 순서로 써야 할지,

분모를 쓰고 분수 기호 — 를 쓰고 분자의 순서로 써야 할지 고민이다. ('— 〉 분모 〉 분자' or '분모 〉 — 〉 분자' : 궁금)

공책을 아껴서 하라는 것도 금지한다.
 공책에 체계적으로 정리하는 것이 목표이다. 전통적인 낭비와는 다른 개념이다. 실력 향상이 목표지 절약이 목표가 아니기 때문이다.
 한 줄에는 거의 한 문제를 해결하는 것이다. 같은 줄에 다른 문제는 해결하지 않는다는 것이다. 수학 문제를 풀기 위한 좋은 습관을 키우는 것이 목표다. 단순한 낭비가 아니다. 전략적인 공책 정리를 배우는 것이다. 이를 통해 수능 시험지에 식을 잘 정리하는 것이다. 여기에 아끼는 것을 넣으면 소탐대실 즉 작은 것을 아끼려다 큰 것을 놓치는 결과를 야기한다.

시험지 공간을 전략적으로 활용하라.
 이것은 많이 해보면 동물적 감각, 직관적으로 해결된다. 이것이 무섭다. 자기도 모르게 몸에 베어 있는 실력이 된 것이다. 어디에 해결해야 알아보기 쉬우며, 어느 정도에서 해결되는지 감각적으로 알 수 있다. 수학 시험을 잘 보는 학생의 시험지를 보면 시험지에 해결 과정이 잘 정리되어 있는 것을 볼 수 있다.

공부하는 자세도 중요하다.
 자세 체력 등 에너지 관리도 중요하기 때문이다.

집중할 수 있다.

오래 공부할 수 있다.

나쁜 자세에서 오는 질병도 예방할 수 있다.

공부의 선순환 구조를 만든다.

빨간 볼펜으로 채점하기. 채점도 성의 있게 하기.

동그라미 정성스럽게 원으로 그리기(긍정의 마인드).

채점이 목표가 아니라,(단순 채점에서도 원을 대충 그리는 것은 태도의 문제로 전이된다고 생각된다.) 채점하면서 피드백하는 것이 목표이다.

바른 연필잡기

바른 연필잡기는 모든 영역에서 중요하지만 수학 문제 푸는 단계에서 특히 중요하다. 수학을 제외한 모든 수능은 OMR 마킹으로 시험이 끝난다고 해도 과언이 아니다. 수학은 시험지 여백에 문제를 해결해야 한다. 그래서 바른 연필잡기, 바른 자세에서 오는 여러가지 장점이 중요해진다.

〈지금 생각〉

깔끔하게 잔 동작이 없어야 한다. 문제를 풀 때 해결하려고 고민할 때, 고민하는 손모양에서 문제 푸는 손모양으로 바로 전환이 되어야 한다. 전환되는 과정에서 미세한 혼선 현상, 간섭 현상을 방지하기 위해서이다. 다른 과목도 마찬가지 이다.

OMR 마킹도 중요하다. 실수하면 당황스럽다. 그래서 오른손 바른 연필잡기가 중요하다. 왼손 연필잡기는 컴퓨터용 싸인펜 잉크가 손에 묻어 답안지를 오염시킬 수 있다.

오른손은 연필을 잡고 왼손을 답안지를 올리고 내리는 동작, 답안지 이동이 되어야 한다.

● 평소 공부도 손으로 풀면서 해결한다.

반드시 손으로 풀 것.

암산하지 말 것 : 물론 암산이 필요하기도 하지만 필산의 과정이 매우 중요하다. 여기서 말하는 것은 중요한 단계를 뛰어넘는 암산을 하는 것이다. 실수도 많고 암산의 장점인 시간 절약의 효과마저도 없는 경우가 있다. 손으로 풀면서 암산을 하면서 중요한 과정을 생략하면 곤란하다. 혹시 암산이 이루어져도 중요한 과정은 필기가 꼭 있어야 한다.

여기 적은 것은 수학에 임하는 기본 생각인데 정리하는 과정에서 오류가 발생할 것 같아서 그냥 적어둔다.

바른 연필잡기 필요함

글씨 날려 쓰지 않기

숫자 획순 바르게 쓰기.

기호 획순 바르게 쓰기

부호 날려 쓰지 않기 : 생각도 함께 날라감.

숫자와 기호는 꼭 바르게 마지막 획의 연필을 정리 하는 동작이 들어가야 한다. 생각이 정리되는 긍정적인 효과가 있다.

또 다른 자아를 교육하는 것임.

정리하면서 푸는 것의 생활화 및 습관화

쉬운 것에 머리를 쓰면 다른 수능 시간에 두뇌 에너지 과다 사용으로 영향을 미침

실수를 만회하기 힘듬

생각의 논리력이 키워짐.

지금의 코딩의 기초 개념임.

종이를 아끼려 하지 말 것.

지우개를 쓰지 말도록 한 것에 불만을 가짐 : 지나치게 깨끗하게 쓰려고 함. 바른 정리가 목표임.

공책을 아까워 함.(여기에도 정리방식, 푸는 방법이 있음.)

그래서 아까워하지 마라 인생이 더 중요하다.

공책은 선생님이 사주마!

공책은 3~6학년 것이 적당한 선 간격

식의 정리를 철저히 할 것.

 식을 틀렸을 때 해결하는 방법 모름 : 두 줄 긋기
 지우개 사용은 나쁜 방법이며 습관이다. 깨끗이 정리하라는 것
도 문제가 있다. 깔끔히 정리하는 것이다. 바르게 정리하는 것이다.
주객이 전도되면 곤란하다.
 지우개 사용 자체도 문제가 있다.
 어떤 사람은 지우개로 지우는 것이 좋다고 한다. 시간 및 생각
의 연속성이 사라지며, 특히 오랜 시간 집중해야 하는 수능에서는
절대적인 약점이 될 수 있다.

 지우개를 쓰지 말 것. : 시간이 아깝다. 실수한 부분 찾기 어
렵다.
 바른 연필잡기를 잘하지 못하는 단계에서는, 지우개를 잡는
동작은 바른 연필잡기를 흐트러 뜨린다.
 도형과 그래프는 반드시 그림을 그릴 것 : 문제에 익숙해지며,
스스로 그리는 과정에서 또 다른 자아가 공부를 하게 된다.
 이렇게 공부하게 되면 나름 공부의 틀이 잡힌다.
 반드시 문제지 공간에 해결해 보기.
 시험지의 빈 공간에 해결해야 할 수 있으며, 해결할 공간이 보
인다. 시험지에 깔끔하게 정렬이 된다.

단계별 쓰기

등식의 개념 : 등호의 개념

식을 줄이면서 아래로 전개하며 진행하기

아래로 줄이면서 전개하는 과정에 간단한 암산은 가능하다. 간혹 암산을 한다면서 필산보다 많은 시간을 들여서 암산하는 학생의 경우를 본다. 이런 경우는 이미 암산의 과정에서 실수를 유발할 확률이 높아진다. 암산이 필산보다 오랜 시간이 걸린다는 것은 생각보다 복잡한 문제이다. 이런 복잡한 문제를 암산으로 한다는 것은 필기하기가 귀찮은 귀찮이즘 정도로 보인다.(개인 생각) 이런 태도는 수학 자체에만 문제를 만드는 것이 아니라, 다른 영역에도 문제를 만든다. 대표적으로 독서를 누워서 하거나, TV를 누워서 보거나, 스마트폰 마저 옆으로 누워서 하게 된다. 몸이 편한 것을 찾고 다시 편한 것을 찾고 결국 균형이 무너져서 태도마저 흔들린다.

이렇게 암산을 하는 이유는 암산하는 것이 수학을 잘 해보이고, 멋있게 보이기 때문일 수도 있다. 암산하는 것에 칭찬을 들어서 일 수도 있다. 그래서 학생을 지도하면 암산이 공부의 도구가 아니라 암산이 집착의 대상이 되는 경우를 발견한다.(지우개 사용 및 깨끗한 정리의 문제도 비슷하게 집착하는 것처럼 보이는 경우도 있다.) 공부를 잘하는 학생도 그런 경우가 있다. 이것을 고치려면 생각보다 많은 학생의 반발과 부모의 반발이 있다. '잘하고 있는데 교사가 이상하게 만든다고...'

이렇게 암산으로 문제를 해결하는 학생을 살펴보면 문제를 깨끗이 풀려는 강박 관념에 빠져있는 학생을 보기도 한다. 문제를 해결하는 교과서도 깨끗하고, 공책도 깨끗하고, 시험지도 깨끗하다. 믿지 않을지 모르지만 '문제를 교과서에 풀고 풀이 과정을 지우고, 문제를 시험지에 풀고 풀이 과정을 지우고..... 심지어는 시험지나 교과서를 찢어먹기까지 한다.'

암산의 과정과 지우는 과정의 합작품으로 수학을 망치고 있다. 이렇기 때문에 지우개를 사용하지 말라고 한다.(이러면 반발이 정말 심하다.) 그래도 계속 지우개를 사용한다. 그래서 만년필을 사용하라고 한다. 그러면 수학을 지울 수 없는 잉크를 사용해서 해결하라고 불만이다. 틀리면 어떻게 하냐고...... 그래서 틀렸을 때 해결하는 ×표와 두 줄 긋기를 알려줬다. 그런데 '지저분하게 해결된다고 불만이다.'(중요한 것은 수학을 포함한 수능 전체를 잘 보는 것이다.) 깔끔하게 정리해야 한다.

암산을 사용하여 식을 줄이는 학생들 중에 종종 발견하는 큰 문제는 암산을 하는 과정에서 정말 필요한 과정을 생략하는 경우이다. 문제에 따라서 단순화하여 생략하는 과정이 필요하기도 하지만 핵심적인 곳은 푸는 과정에 반드시 있어야 한다. 그런데 그것이 생략된다. 결국 그 부분에서 오류가 발생하기도 하고, 실수도 하고, 시간이 오래 걸리기도 한다.

암산의 큰 단점은 공부하는 과정에서도 피드백이 어렵다. 그래서 계산이 복잡하게 전개되기 힘들고, 쉽게 포기하게 되고, 잡생각이 많이 나고, 집중하기 어려워진다. 계속 습관화가 되면 이상하게 자기도 모르게 수학이 어려워진 상태가 된다.

암산의 최고의 문제점은 시험에서 검토하기가 힘들어진다. 물론 처음에 잘해서 맞으면 상관 없지만, 시험이라는 것이 내가 쉬우면 남도 쉽도, 내가 어려우면 남도 어렵도.... 이런 과정이 많이 있다. 그때 검토 하기를 어렵게 만드는 것은 큰 약점이다.

암산의 폐해도 있다. 수능에서 수학 시험을 암산으로 한다. 그럴 수 있다. 수학 시험을 잘 볼 수 있다. 머리가 특별히 좋지 않은 이상은 암산의 기회비용으로 동질의 경쟁 집단에서 다른 경쟁자보다 많은 두뇌 에너지를 사용하는 것이다. 에너지 낭비는 결국 수학 시험을 잘 볼 수는 있지만, 수학 시험을 넘어선 수능 전체의 패턴에서는 경쟁자보다 많은 에너지를 사용하여 스스로를 흔들리게 할 수 있다.

암산은 문제에 대한 적응력을 멀어지게 한다. 문제를 손으로 해결하면 위기에 순간에 자신도 모르게 손이 답을 찾아줄 수 있다. 손 뿐만아니라 기억력, 잠재하고 있는 자신 등 몸이 그 상황을 기억하고 자기도 모르게 정답으로 이끄는 과정이다. 암산은 이것을 멀어지게 한다.

모르는 문제 해결방법
　스스로 채점하라.
　해답지를 활용해라.
질문을 해라 : 예의에 벗어나지 않게
　　방법 : 문제지와 답안지를 함께 가지고 가서
　　　　　답안지의 모르는 부분을 물어 볼 것.

혹자는 선생님을 시험하는 것으로 오해 받을 수 있다.

제가 공부하는 중에 이부분이 이해가 가지 않아요.

이렇게 예의를 갖춰서 질문하면 대부분 선생님은 오해 없이 지도해준다.

〈지금 생각〉

이렇게 예의를 갖추는 것은 다른 영역까지 미친다. 결국 동질 집단에서 빛을 발할 수 있으며, 예의 및 소양이 되어서 상승효과가 커진다.

〈지금 생각〉

문장제 문제는 소리 내어 읽어볼 것, 그 자체로 실력이 되며, 행동에 영향을 미친다. 바른 소리는 바른 자세에서 나오기도 한다. : 소리를 내어 읽는 것은 문제를 포함하는 문장에서 무엇을 물어보는지 파악하기 쉬워진다. 결국 소리를 내어서 읽지 않아도 문제를 파악하는 능력이 빨라진다. 매일은 아니더라도 필요하다. 자신감 영역, 발표 연습에도 좋다. 특히 문제에 나타나는 문장은 문장의 구성요소가 거의 완벽하여 좋은 연습이 된다.

그것을 무의식 중에도 연습하는 것이 된다.

소리내서 읽으면서 문맥을 파악하는 것이 쉬어진다.

언어 발표 능력도 된다.

바른 소리로 발표하는 것은 자신감의 표출이기도 하다.

안정적인 해결이 중요하다. : 장점이 단점보다 크다. (연필 필산)

암산으로 계산하면 시간이 빠르다고 하는데, 실수의 문제다. 암산은 머리 에너지를 필요 이상으로 많이 사용하며, 어려운 문제의 구조화가 어렵다.

다른 시험까지 나쁜 영향(이후 점심 등)을 미칠 수 있다.

수학 문제 1개는 대학을 바꾸거나, 학과를 바꿀 수 있다. 대학을 바꾸는 것은 약간의 손실이지만 학과를 바꾸는 것은 큰 손실이며 결국 재수를 선택하게 된다.

약간의 부족을 채우기 위해....

특히 공부를 잘하는 자존감이 높은 학생은 더 재수를 하게 된다.

약 5쪽에 걸쳐서 수학에 임하는 기본 생각을 적었다. 수학을 정리하면서 가졌던 생각들이다.

특별 공부

공부 전략 : 6학년 2학기가 시작하면서 중학교 3학년 2학기 총정리 구하기

총정리는 책의 구성이 3학년 것, 2학년 것, 1학년 것 이런 순서로 구성되며 비중도 3학년 50%, 2학년 30%, 1학년 20% 정도 된다. 그리고 3학년 것을 알면 나머지 학년 것은 스스로 해결되기도 한다.

그래서 중학교 3학년 수학을 공부하면 중학교 과정의 중요 부분 공부가 되며, 고등학교 준비의 기초를 쌓는 대비를 하여 공부 하는 데 1석 2조의 효과가 있다.

그리고 짧은 시간에 생각보다 많은 수학 공부를 할 수 있다. 필자에게는 그 학생을 지도할 수 있는 시간이 초등학교 졸업 시점까지 6개월이 채 남지않았기 때문이다.

연산 부분을 확실히 공부하였다. 처음에는 어려워 하지만 한번 이해하면 그것으로 거의 완벽하게 해결된다. 전제 조건은 식을 정리하는 습관이 있어야 한다.(이것은 6학년 1학기에 열심히 했다. 그래서 기본 바탕이 되었다. 바른 것은 꾸준히 해야 한다. 결국 하느냐 하지 않느냐의 차이로 의대에 진학하느냐 못하느냐의 차이를 만드는 것이다.)

특별 공부를 하면서 당부했던 것 : 이번에 배워서 동생에게 친절히 알려주면서 공부하길 당부했다(목적의식과 책임감 심어주기 1).

교육적 효과를 높이기 위한 전략이 숨어있었다. 그리고 성공해서 좋은 아르바이트를 하여 돈을 모아서 동생이 수능을 보면 함께 해외여행을 가라고 했다. 공부이 긍정적인 마인드를 심어 주는 것이다(목적의식과 책임감 심어주기 2).

수학의 핵심 : 기본 개념+선행 특히 기본 개념이 없으면 사상누각이다.(수의 연산, 문자와 식은 정말 어려워 한다.)

가로식으로 만들고 푸는 것 : 가로식으로 만드는 것이 어렵다. 일단 가로식이 완성되면 50% 이상 그 문제를 해결하는 것이다.

'저는 계산은 잘해요!', '문장제 문제만 잘 못해요.' 의미 없는 말이다. 생각하기 싫어하는 것이다. 어쩌면 생각하기 싫어하는 것이 몸에 습관화 되어 있을 수 있다.

식을 손으로 쓰는 것은 자신도 모르게 가로식을 쓰는 능력을 향상 시켜준다.

〈지금 생각〉

평소 수학 공부는 어떻게 해도 문제가 되지 않는다. 머리만으로도 쉽게 가능하다. 주변에서 공부 잘하는 학생들도 손으로 하는 것을 귀찮아 한다. 이것은 태도의 문제가 된다. 수학에서만 그러면 그나마 다행일 수 있다. 그러나 이러한 태도는 도미노처럼, 다른 영역에서도 나타날 수 있다. 삶의 태도가 되며, 이런 태도가 부정적인 실력이 될 수 있다.

잘 푸는 것 10개 보다는 못 푸는 것 1개를 해결하는 것이 중요하다. 극단적인 예로 고 3 학생이 구구단 100문제를 해결하는 것과 3차 함수 1문제를 해결하는 것 어느 것이 중요할까?(여기서 구구단이라는 것은 머리로 해결할 수 있는 간단한 문제를 대표한다.)

구구단 100문제를 머리로 해결하려는 나쁜 습관이 몸에 베이면 결국 머리로 할 수 없는 3차 함수 문제도 머리로 해결하려는 나쁜 습관이 나타난다. 위급한 순간 당황하고 실수하게 만들며 피드백이 없다. 실수는 다른 파생 효과를 만들고, 실수를 거듭하게 한다.

이 상황을 수능 시험장이라고 생각하면 이것은 정말 막막해진다. 그리고 머리로만 했기 때문에 상황을 수습하기도 어렵다. 피드백이 없어서 다시 해야 한다. 엄청난 스트레스가 된다. 다행히 수습을 해도 점심시간, 3교시, 4교시까지 영향을 미친다. 혹시 점심 식사를 제대로 하지 못하면 결국 체력의 한계로 4교시까지 최상의 컨디션을 유지할 수 없다.

혹시 머리로만 해서 수학 시간을 잘 넘겼어도 이것은 에너지, 두뇌 에너지, 정신력, 집중력의 낭비이며 수능 시험 끝까지 최상의 상태를 만들기 어렵다.

수능 당일 뿐만 아니라 평소에도 머리로 해결하는 방식은 스트레스를 준다.

이미지 트레이닝 : 운동에서 중요하게 생각된다. : 좋은 자세를 머리에 떠올리는 것이다.

수학을 잘하는 것이 목표라고 단순하게 생각한다.
수학을 잘하는 것을 넘어서 자기 꿈을 실현하기 위한 좋은 뒷받침으로 만든다.
바른 자세로 잔동작 없이 스텐바이 상태에서(간섭, 오류방지)
눈으로 보고, 머리로 생각하면서, 손으로 해결하기.

눈으로 해결하는 것은 아마추어적으로 수학 문제를 잘 푸는 것이라고 생각한다. 아마추어와 프로의 차이일까?
아마추어는 실수를 용납하지만 프로는 실수가 없어야한다.
결국 목표는 단순히 수학을 좋아하고, 수학 문제를 잘 푸는 것을 초월하여 **수능 시험장에서 실수 없이 수학 시험을 잘 보는 것을 기본으로 하여, 수능 전체를 잘 보는 것이 목표**이다.

여담이지만 좋아하는 것을 잘하는 것과 필요한 것을 잘하는 것은 차이가 있다. 필요한 것을 잘하는 것이 중요하다. 운이 좋아서 필요한 것이 좋아하는 것이면 좋은 것이다. 또 특별한 경우가 아니면, 내가 좋아하는 것이 다른 사람들도 좋아하는 것이다. 결국 좋아하는 것은 경쟁력이 되기 어렵다. 약간의 유희 정도 된다고 생각한다.

그래서 주변에 수학을 잘하는 학생들에게 안타까워서 머리로 풀지 말고 손으로 풀어라 라고 하면 귀찮아 하고 잔소리처럼 여기는 경우가 많다. 미안하지만 어설픈 위치의 학생이 그런 경우가 많다. (그런 태도를 가지고 있기 때문에 어설픈 위치에 있는 것이다. 그리고 소리도 크다. 여론 형성도 부정적으로 잘 한다.) 진정한 강자는 직감적으로 안다. 그리고 한다. 예의도 있다. 수용력이 높다. 판단력이 뛰어나다. 감각적으로 스스로 좋은 방법임을 느끼거나, 아니면 이미 몸에 정립되어 있다.

수학을 잘한다는 것은 높은 학업성취를 목표로 한다는 것이고, 학급에서의 경쟁을 포함하여, 보이지 않는 대한민국의 동질 집단의 경쟁이라는 것을 생각해야 한다.

수학에서만큼은 바른 자세와 바른 연필잡기가 필요하다.

보면서 생각하면서 식 쓰기 : 잔 동작없이 깔끔하게.(오류 간섭을 방지하기 위해) 이것이 승리의 길이다.

바르게 식 전개하기, 바른 자세로 앉기, 바른 자세로 연필잡기 등은 습관화가 되어 있어야 한다. 이것이 되어 있지 않다는 것은 바르지 않은 것이 습관화되어 있다는 의미이다. 한 명은 바르게 했던 것들의 장점을 가지고 편안하게 안정적으로 공부(생활)할 때, 다른 한 명은 바르지 않은 것을 가지고 힘겹게 어렵게 공부(생활)한다. 노력은 하지만 이유도 없이, 원인도 모르게 결과가 미세하게 불리하게 나타나는 것이다. 그리고 따라 잡기가 버겁다.

간단해 보이지만 정말 중요하다. 바르게 식 전개하기, 바른 자세로 앉기, 바른 자세로 연필잡기 등들은 어느 정도 수준이 되면 안정화 되어 있다고 보면 된다.

이렇게 습관화 되면 문제를 봤을 때 순간적으로 식의 전개 및 해결이 머릿속에 그려지며 해결해야 할 위치까지도 보인다.

여러 방법이 나열되어 있다. 도움이 될 것이라고 생각되는 것은 받아들이고 부족하다고 생각되는 것은 자신에게 맞추어 변형하면 된다.

2. 한자 공부 편

한자 과목 자체를 잘하게 하기 위함.
한자는 어학의 계통이라 국어, 영어에 상승효과가 있음.
다른 과목의 이해도와 문제해결력도 커짐.
  수학, 국사, 사회, 과학 등의 과목에 좋다고 생각함.
꿈에 아름다운 상상을 입힐 수 있는 좋은 재료임.
구체적인 구상력을 키울 수 있는 재료임.
진취적으로 생각할 수 있는 계기가 됨.

한자 영역이 중학교에 올라가면 어려운 과목이 된다. 평소에 별로 접하지 않고, 글자 자체가 생소하며, 어학이라는 것이 대부분 어느 정도의 시간이 필요하기 때문이다.

특히 시골에서는 한자에 대하여 투자하기가 더 어려운 현실이다. 피아노, 영어, 수학 등 우선 순위에서 밀리기 때문이다. 이것을 극복하기위해 한자를 미리 일정 수준으로 올려주는 것이 1차적 목표였다. 1차적 목표라고 표현한 것을 보면 더 중요한 또 다른 목표가 있다는 것을 알 수 있다.

한자는 국어, 영어와 같은 언어영역에 시너지 효과가 있으며, 수학, 국사, 사회 등과 같은 다른 과목에도 문제 파악, 이해도 등에 영향이 있다. 국가 공인 수준의 한자는 아니지만 4급 정도의 한자 수준은 꿈이 높은 학생들에게는 쉬운 일이며, 기본적으로 갖추어야 할 필요한 소양이다. 그리고 4급 정도는 해야 된다. 우리나라와 같은 한자 문화권에서는 더욱 필요하다. 다음에 설명하는 독서 편에서 초한지와 삼국지를 기본 도서로 추천한 이유도 한자 문화권에서 사용하는 다양한 고사성어가 나오기 때문이다.

필자도 국가 공인 한자 자격이 있다. 그럼에도 불구하고 4급 정도의 수준에서 한자 공부를 멈추고, 한자 공부의 한계를 정하는 것은, 열심히 공부해야한다고 주장하는 필자의 입장을 생각해 보면 의외일 것이다. 더 높은 단계에 다다르기까지는 생각보다 많은 추가 시간과 추가 노력이 필요하기 때문이다. 수능 공부를 더 열심히 하라는 뜻이다. 다른 최소한의 소양(바둑, 운동, 미술, 악기, 여기에 국가 공인 한자 급수)을 갖추라는 뜻이다. 즉 한자의 국가 공인 수준은 소양의 영역으로 분류한 것이다.

초등 단계에서 국가공인까지 가는 것도 나쁘지는 않지만 최소 4급 정도까지는 해야 한다고 생각한다.

어떤 사람은 초등 단계는 시간이 많기 때문에 어차피 보내는 시간 국가 공인까지는 도전해야 한다고 한다.

모두 장점이 있으니 선택하면 된다.

당시에 한자 공부를 선택하는 이유는 학문적 이외에도 있다(어쩌면 이것이 더 중요하다). 학생들에게 해외 여행의 가능성을 좋은 느낌으로 선제적으로 심어주기 위해서이다. 여기서 해외 여행은 우리가 평소에 즐기는 단순한 해외 여행만을 의미하지 않는다. 더 큰 목표가 있다. 이렇게 한자에 대한 두려움이 없어지면 중화권으로 해외 여행가는 것이 쉬워진다. 일반적으로 중화권 해외 여행은 경비가 상대적으로 적다. 거리도 가깝다. 시간도 조금 든다. 시도하려는 마음을 쉽게 먹을 수 있다. 쉽게 시도할 수 있다. 한국인이 덜 무시 당한다.

그리고 해보려는 자신감, 진취적으로 해보려는 마음가짐을 갖는 것과, 실천을 위한 구체적인 구상력 등은 학생들이 가지는 것은 좋은 소양이다. 자신감의 영역은 소양이기도 하지만, 자신감의 영역은 구상력의 영역과 함께 실력으로 볼 수 있다.

해외 여행의 낭만은 공부가 힘들고, 정신이 나약해 질 때 버틸수 있는 또 하나의 안전 장치가 된다. 유럽 여행은 먼 이야기이지만 대만 여행이나 중국 여행은 생각보다 쉽게 시도해 볼 만하기 때문이다.

그래서 이러한 큰 목적을 가지고 선택한 공부법이
'**노래로 한자 공부하기!**', '**문장으로 한자 공부하기!**'이다.

노래로 배우는 첫 번째 곡은 대만 가수 주화건의 붕우(朋友:펑유: 친구)이다. 한국의 유명 배우, 중화권에서 한류를 일으킨 배우 안재욱이 친구라는 제목으로 한국에서 다시 불렀다. 그래서 음원을 구하기가 쉬웠다. 유명하기 때문에 자료도 생각보다 풍부했다. (그때는 유튜브가 지금보다 약했다.)

주화건이 부른 친구(붕우)는 우리나라에서 만남 정도로 유명한 중화권 노래이다. 중화권 문화와 가까워지는 것이다. 거부감이 사라지고 있는 것이다. 그리고 대만이다. 대만은 아시아권에서 어느 정도 치안이 안전하게 확보된 나라이다. 대만은 아시아에서 최고 높았던 빌딩인 타이베이 101이 있고, 미쉘린 가이드에 올랐음에도 불구하고, 미쉘린이란 명성에 비해 쉽게 접할 수 있는 식당인 딘타이펑(만두 유명)이 있는 나라이다. 딘타이펑의 만두는 메뉴 자체도 좋다. 만두는 우리에게 익숙한 음식이다. 어느 정도의 맛을 생각할 수 있는 음식이기 때문에 딘타이펑에 대한 욕심이 더 생기기도 한다. 대만 여행은 보는 것과 먹는 것으로 여행의 낭만을 입힐 수 있다. 열심히 공부할 수 있는 촉진제이며 안전 장치가 된다.

꿈을 이루기 위해 낭만이 쌓여가면, 지칠 때 훨씬 도움이 된다. 힘들 때 '여행가야지!' 이런 마음이 직접적으로 생길 수도 있고, 위안 받을 수도 있다. 또한 꿈이 있기 때문에 평소의 마음가짐이 긍정적으로 바뀌어 **힘이 들기 이전에 예방적 차원**으로 힘을 낼 수 있는 또 하나의 안전 장치이다.

붕우 노래를 공부할때 처음에는 한국식 한자의 발음으로 這些年(저사년) 이렇게 시작했다. 어느 정도 공부가 되니 학생 스스로 즈사년(這些年) 이런식으로 중국식으로 발음하며 노래를 불렀다. 물론 한자도 잘 설명했다. 朋友를 보고 붕우라고 못 읽는 경우가 많기 때문에 강조하는 것이다. 우리나라 영어 교육에도 이런 아이러니한 경우가 많다. 노래로는 아는데 막상 단어를 보여주면 모르는 아이러니한 경우가 종종 발생한다.

붕우 노래 공부를 마치고 나서 공부한 노래는 월량대표아적심과 첨밀밀이다. 두 노래는 모두 등려군의 노래이다. 등려군은 여자이다. 역시 대만의 가수이다. 등소평의 공산주의가 중국 본토에서 위용을 떨칠 때 대만과 정치 이념이 반대인 중국 본토에서도 이름을 날린 대만의 가수다. '낮엔 등소평 밤엔 등려군'이라는 말이 생길 정도로 민주주의와 공산주의가 대립할 때 정치 이념까지 초월할 정도로 사랑을 받았던 가수다. 등려군은 중화권은 물론이고 한국과 일본에서까지 인기가 있었다. 우리나라로 보면 동백아가씨를 부른 국민가수 호칭을 가진 국민가수 이미자 님에 비견할만하다.

월량대표아적심과 첨밀밀은 등려군의 대표적인 노래로 영화 첨밀밀의 주요 테마 음악이 되기도 했다. 여기는 홍콩이 배경이다.

'월량대표아적심(月亮代表我的心)'은 '달이 밝게 대신 표현한다. 나의 마음을' 정도의 의미를 뜻한다. 상당히 시적이며 예쁜 표현이다.

배운 노래는 3곡이지만 생각보다 많은 한자를 알 수 있으며, 파생되는 비슷한 한자까지 공부하면서, 한자의 원리를 생각하면서 공부하면 어느 정도 수준까지 한자 공부가 가능하다.

이런 이유로 2021학년도 학급 운영에 안재욱의 친구를 넣을 것이다. 이를 계기로 친구〉붕우〉평유로 진행 할 계획이며, 노래 부르기와 연주 하기 등과 함께 하면, 학생들의 친구에 대한 감정이 좋아져서, 인성 지도 등에 도움이 될 것 같기 때문이다.

친구 노래는 자기도 모르게 학교폭력에서 멀어지게 한다(개인 생각). 붕우(평유:한자와 중국어로 부르는 단계) 단계까지는 그다지 노력도 필요치 않다.

※ 문장으로 한자 공부하기는 어차피 하는 전통적인 한자 공부를 방식과 방향만 바꾼 것이다. 많은 노력이 필요치 않지만 효과는 정말 크다.

중국어 회화의 기본 문장은 간단해서 거부감 없이 할 수 있다.

중국식 한자를 대만식 한자나 홍콩식 한자로 바꾸면 된다.

중국어 회화책인 친중국어 1편을 한자 공부로 활용했다. 주된 방향은 한자 공부다. 회화가 아니다. 발음은 한국식으로 했다. 약간의 상관 관계만 알면 된다.

중요한 것은 수능을 잘 보기 위한 도구로 생각하는 것이지 중국어 회화를 잘하거나 하는 것은 아니다. 주객이 전도되지 않도록 주관을 가지고 공부해야 한다. 그래서 한자 4급을 공부하고, 다시 3급을 공부해서, 3급 이상의 국가 공인의 자격을 취득하면 좋음에도 불구하고, 공부에 방해되지 않도록 4급 정도의 실력에서 멈추는 것도 좋다고 한 것이다.

문장으로 한자를 공부하면 중국어와 친해지면서, 약간의 중국 문화도 이해하는 데에는 특별한 노력이 많이 필요치 않다. 공부의 방법을 조금 바꿔주는 것이다. 처음에는 약간 힘들다고 할 수 있다. 힘든 것이 아니라 어색하기 때문에 힘들다고 하는 것이다. 그리고 학생들의 언어적 기본 접근법을 높이는 것이다.

문장으로 한자를 공부하면서 아주 조금이지만 중국어 회화의 아주 기본적인 것들과 문화적인 것을 직감적으로 배운다.

소리내어 읽어보는 것도 좋다. MP3, MP4 파일이 있으면 따라 읽으면 된다. 효과는 더 좋다. 간단한 느낌을 알 수 있었다.

필자가 지도했던 학급에 중화권 다문화 학생이 있었다. 그 학생은 문장으로 읽기를 시작했을 때에는 발음과 기본 한자를 많이 알고 있었다. 그런데 시간이 지남에 따라 한자 사용 수준의 격차가 줄어드는 것을 볼 수 있었다. 발음은 단시간에 따라 잡을 수 없었지만, (물론 노력도 하지 않았다.) 간단한 문장 쓰기는 역전하였다.

이전에도 언급했지만 이렇게 문장으로 한자를 공부하고 문화를 접하면서 중화권 해외 여행의 긍정적 가능성을 더 열어주는 것이다. 공부를 열심히 해야하는 이유를 추가하여 나태해지려는 자신을 다독이는 또 다른 안전 장치를 만들어 주는 것이다.

당시 주변에서 한자 공부를 하는 이유는 한자 공부 없이 바로 중학교에 진학하면 한자 때문에 힘들다. 혹시 제2외국어를 선택하면 유리하다. 이런 이유 때문에 공부하는 경우가 많았다.

그러나 필자는 한자 공부를 통하여 더 큰 꿈을 그리고 있었던 것이다.

중국 한자와 한국 한자는 차이가 약간 있다.(약간의 규칙만 알면 쉽게 극복할 수 있다.)

대만 한자나 홍콩 한자는 한국 한자와 거의 비슷하다. 문장으로 공부하는 한자는 여러 면에서 생각보다 많은 장점이 있다. 언어에 대한 자신감이 생기며, 국어, 수학, 국사, 영어, 사회, 과학 등의 이해력이 높아진다. 이해력이 높아지면 문제해결력이 커지며, 실력 상승으로 인한, 자신감이 커진다. 다양한 꿈의 선택권이 많아진다.

한자를 잘 하는 것의 상호 작용 효과가 이렇게 커진다.

중국어 회화책에 등장하는 한자이기 때문에 조금 더 현실에 가깝고 재미있어 하는 면도 있다. 간략하게나마 중화권 생활을 소개하기도 한다. 중화권 여행의 씨앗이 생긴다고 할 수 있을까?

중화권 여행에 로망이 생기며, 동기가 커진다. 이것이 주는 상승 효과는 엄청나다.

중국어의 어순은 영어의 어순과 비슷하다. 발음은 몇 가지의 간단한 특징만 알아도 한자를 이해하는 폭이 훨씬 넓어진다.

지금 필자가 설명하는 중국어에 대한 설명은 비전문가이면서 중국어를 배운 적이 없는 입장에서 한자 공부를 하기 위한 느낌으로만 한 것이니 양해바란다.

　예)
　발음이 비슷한 한자도 많이 있음.
　　中 忠 風 은 거의 발음이 비슷
　　중 충 풍 으로 비슷
　ㅗ 는 ㅜ 로 발음하는 경우 있음
　받침 ㅁ 은 ㄴ 으로 발음하는 경우 있음　남경 - 난징
　ㄱ은 ㅈ 비슷하게 발음 됨.　북경 - 베이징
　ㅁ은 ㅞ, ㅝ, ㅘ 비슷하게 발음 됨.
　ㅏ 는 ― 로
　ㅓ 는 ㅣ 로 발음되는 경우 있음
　ㅗ 는 ㅏㅗ 로 발음되는 경우 있음
　ㅒ 는 ㅏ ㅣ 로 비슷하게 발음 됨
　我愛你 (아애니) → 워 아이 니

　중화권 여행가면 좋다고 즐겁다고 했다. 특히 대만은 한국과 한자가 같아서 수월한 면이 있다고 했다. 해외 여행의 꿈으로 학생들에게 안내하여 공부의 동기를 높이게 했다. 이렇게 동기를 심어 주

는 과정에서 학생의 표정을 살펴보면, 나름대로 공부하는 학생의 얼굴에 긍정의 미소를 만든다.

〈지금 생각〉

　홍콩도 한국과 같은 한자 문화권이다. 홍콩에는 디즈니랜드가 있으며, 디즈니랜드의 스토리가 있는 장점은 웬만한 놀이 동산은 쫓아갈 수가 없다. 그래서 학생들에게 스토리가 있는 위대함과 장점을 이야기 했다. 홍콩의 낭만과 디즈니랜드의 설레임은 학생들에게 또 다른 희망을 줄 수 있다.
　그리고 이렇게 해서 대학생의 초반부에 동양 문화권의 해외 여행을 했다면, 다음은 유럽 문화권의 여행을 계획할 것이다. 유럽 문화권을 크게 나누면 이탈리아, 파리, 스위스를 포함한 서유럽과 스페인, 포루투갈을 포함한 이베리아 반도 유럽을 구분할 수 있을 것 같다. 주관적이다. 하여튼 두 지역을 함께 여행하기에는 시간이 많이 필요하기 때문에 구분하여 나눈 것이다. 이렇게 유럽을 여행하게 되면 시야가 많이 넓어지며, 또 다른 소양이 쌓아질 수 있다. (결국 한자 공부〉공부의 안전장치 확립〉중화권 여행〉유럽 여행〉소양 증대의 계획이 있다.)
　동유럽과 북유럽은 우선 순위에서 밀린다.

　이 부분의 이야기는 성공에 대한 로망, 대학의 진학, 대학교 생활의 아르바이트 방향 등을 고쳐시킨다. 그리고 꿈을 위해 노력할 수 있는 또 다른 원동력이 된다.

이 부분을 읽으면서 고작 해외 여행(특히 가까운 중화권 동남아)으로 공부를 하는 원동력을 이끌 수 있는지에 대해 의문을 가지며, 거부감이 들 수 있다. 그러나 그때 해외 여행을 통한 동기 부여는 필자가 그 현실과 상황에서 고민해서 생각해낸 최고의 동기 부여 중에 하나이다.

성공에 대한 원동력이 되는 동기 부여의 내용은 스스로 생각해야 한다. 사람마가 필요가 다르기 때문이다. 이러한 동기 부여는 지칠 때, 나약해질 때 자신을 담글질 하고, 다시 정진할 수 있는 도움이 되는 것들이다.

한자 공부를 노래로 공부하고, 문장으로 공부하고, 중국어와 연관은 시켜서도 공부했지만, 중요하게 생각하는 것은 수능을 잘 보기 위한 도구로 생각해야 한다는 것이다. 한자 공부에 소양을 넘어선 너무 많은 시간과 노력이 들어가면 곤란하다.

한자 공부를 위해 쓰기 공책은 기본적으로 한자 공책이 있어야 한다. 중화권에서는 한자를 바르고 예쁘게 쓸 수 있는 다양한 공책이 있다. 그리고 문장을 공부하기에는 1페이지에 15줄 정도의 줄글 공책이 좋다. 선택하면 된다.

한자 공부의 궁긍적인 목표는 수능을 잘 보기 위해 도움을 주는 것이다.

바른 자세로 공부하는 것이다.
획순은 알아야 한다.
꾸준히 하는 것이다.
대신 전략을 가지고 하는 것이다.
필요한 수준까지 하면 된다.
소양을 쌓는 것이다.
취미가 될 수도 있다.

한자 공부를 통하여 기본적으로 한자 실력을 키우고, 다른 과목과 연관해서 문제 해결력을 높이며, 기본 소양을 쌓으며, 타 문화를 이해하고, 해외 여행을 생각하는 세계관 적인 사고의 확장을 키우고, 해외 여행의 아름다움을 생각하며, 해외 여행의 낭만을 위해 노력하며, 이러한 해외 여행의 생각이 본인이 인지하든지 인지하지 못하든지 그 사람의 내면에 잠재하게 되어서 있어서 공부가 힘들어지고 나태해질 때 잡아줄 수 있는 안전 장치 또는 공부가 힘들고 지루해지지 않는 예방 장치를 가지는 것을 목표로 했다.

3. 독서 편

독서는 소양과도 관련이 있다. 공부가 아닌 소양과 관련이 있으니 독서 자세와 관련해서는 대부분의 사람이 편안하게 자유롭게 독서하는 것을 허용적인 편이다. 그러나 독서하는 자세는 반드시 바른 자세를 유지해야한다. '바른 자세'를 하고 독서하는 것까지가 소양이다. 독서는 多讀(다독)이 독서를 대표하며 소양을 쌓는다고 생각되어 진다. 다독이라는 것을 위해서 자세와 같은 독서를 위해 필요한 부분을 많이 양보한다. 사람의 신체는 유기적으로 연결되어 있어서 자세가 흐트러지기 시작하면 신체를 포함해서 다른 영역에도 나쁜 영향을 미친다. 자세 건강과 정신 건강에 빈틈이 생기고 결국 큰 차이를 만든다.

독서는 장시간 앉아있을 수 있는 습관을 만드는 좋은 재료이다. 그런데 다독을 위해서 편한 것을 강조하면 장시간 바르지 않은 자세로 앉아있고, 본인도 모르게 나쁜 자세가 습관화되는 것이다. 이렇게 되면 시력과 척추 건강이 나빠지며 집중력도 나빠진다.

집에서 드라마나 영화를 보는 모습을 생각해보면, 보통은 편한 자세로 본다. 2시간 정도 자세가 무너지는 것이다. 독서와 더불어 학생 시절에는 드라마나 영화를 보는 것 마저도 자세를 바르게 했으면 한다.

독서와 관련된 몇 가지 용어로 독서 호흡, 독서 근육, 독서 자세,

독서 태도 등이 있는데 진득하게 앉아서 집중하는 것을 힘들어 하는 요즘 학생들에게 필요한 용어이다. 진득하게 앉아 있을 수 있다는 것이 큰 장점(마치 대부분의 사람이 안경을 쓰고 있는데, 혼자 안경을 쓰지 않는 것처럼 : 그냥 그 자체로 경쟁력이 된다.)이 되어 가고 있다.

독서 편에서 언급하는 준비물들은 기본적으로 공부 전 영역에 영향을 미치는 것들이지만 독서 편에서 다시 강조하면서 제시한다.

준비물

책상 : 발받침이 없거나, 멀리 있는 것을 추천한다.
의자 : 팔걸이가 없는 것을 추천한다.
　　　　바퀴가 없는 것(?), 회전이 않되는 것(?) : 고민 중
독서대 : 바른 자세를 하면서 오래 독서 할 수 있으며, 다른 자세까지 연관 효과를 나타낸다.
조명 : 최소 삼파장이나 백열등 스텐드나 조명을 사용한다. 요즘 등장하는 LED 조명은 공부의 측면에서는 그리 추천하지 않는다.

- 독서하는 자세는 바른 자세가 중요하다.
　많이 읽는 것을 포함하여 바르게 많이 읽어야 한다.
　여기서 자세가 흐트러지면 연쇄적으로 다른 공부에 나쁜 영향을

미친다.

　신체적인 영역과 정신적인 영역에 영향을 미친다.

　책은 읽는 것이지 보는 것이 아니다. 학생들을 포함한 많은 사람들이 '책을 보는 것'을 '책을 읽는 것'으로 착각한다. 바르게 읽지 않으면 보는 것으로 전락하기 쉽다.

- 책의 선택은 줄글로 된 것을 읽기를 추천한다. 만화로 된 것의 **'책 보기'**는 안하는 것보다는 좋을지 모르지만, 독서 근육, 독서 자세, 독서 습관 등을 망친다. 여기서 쌓여진 나쁜 습관은 독서 자체에만 나쁜 영향을 미치는 것이 아니다. 독서에서 쌓여진 나쁜 습관은 전체적으로 공부와 학습하기 전 영역에 나쁜 영향을 미친다.

　공부와 독서는 사람의 신체와 같이 서로 밀접한 관계가 있는 유기체와 같아서 독서 영역이 무너지기 시작하면 전혀 상관 없을 듯한 공부 영역도 영향을 받는 다는 뜻이다.

　여기서 나쁜 영향이라고 하는 것은 (큰 차이와 작은 차이를 모두 말함) 미세한 차이가 발생하기 시작한다는 것이다. 결국은 전체을 망가 뜨리는 출발점이 된다.

　6학년이 되면 기본적으로 어느 정도 독서는 되어 있어야 하며, 해리포터 정도는 6학년 이전에 끝나 있어야 한다. 그래서 추천한 도서에 해리포터는 제외하였다. 추천한 도서를 읽고 나면 독서에 대한 두려움이 사라지고, 웬만한 독서는 스스로 할 수 있는 능력도 어느 정도 생길 것이다.

- 추천 도서 : 초한지, 삼국지, 먼나라 이웃나라
        그리고 그 외로 필요한 것을 추가로 읽으면 된다.
- 초한지와 삼국지는 반드시 10권 정도 되는 줄글을 읽어야 한다.

〈 **초한지와 삼국지를 선택한 이유** 〉

1. 동양의 고전.
2. 한국의 역사와 밀접한 관련.
3. 동양의 고대 역사 부분에 약간의 틀을 마련.
4. 다양한 고사 성어를 접함.
5. 한자 공부에 유리함.
7. 국어 교육에 유리함
8. 논술에 유리함.
9. 사고력이 커짐.
10. 삶의 태도를 배울 수 있음.
11. 언어 구사력이 증가함.
12. 다양한 등장인물이 등장하여 기억하며,
        생각하면서 읽어야 함.
13. 기초 소양이 됨. 기초 소양이라는 것은 이미 검증된 동일 집단에서, 미세한 차이가 발생하는 곳에서 더욱 중요하다. 그래서 기초 소양을 쌓기 위해서 학원을 다니는 경우가 많다. 그것을 무작

정 따라하면 곤란하다. 주 영역을 충분히 하고 소양 영역(기초 소양을 포함해서)을 쌓아야한다. 예체능을 포함해서 주객이 전도 되는 것이 너무 많다. 모든 것에는 때가 아주 중요하다. 학창 시절에는 학생의 미래와 관련된 주가 되는 것들에 집중해야한다.

초한지를 먼저 선택한 이유 : 초한지는 생소한 경우가 많다. 삼국지는 많이 들어봤다. 대강의 줄거리를 알고 있다.

고사성어가 많이 나온다. 삼국지 이전의 고사성어이다. 삼국지에 다시 등장하는 경우가 많다. 결국 어휘력이 되고, 논리적 사고와 국어나 영어와 같은 어학 과목에서 실력이 높아진다. 글 속에서 어휘력이 좋아지면 단어 유추력이 높아져서 문해력이 커진다.

필자가 지도한 학생이 초한지를 읽고, 독서 감상문을 써서 우체국 관련 높은 등급의 독서 관련상을 연속해서 받았다. 초한지와 같은 대작은 양이 많아서 글쓰기 출발선에서부터 우선 유리하다. 초한지와 같은 대작은 등장인물이 많고, 내용이 풍부해서 다양한 관점에서 감상문을 쓸 수 있기 때문이다.

삼국지는 전통적인 추천 도서이므로 설명을 생략한다.

'먼 나라 이웃 나라'는 만화로 된 책 중에 거의 유일하게 추천한다. 만화지만 막상 읽기를 하면 학생들이 지루해하고 읽지 못한다. '먼 나라 이웃 나라'는 생각보다 글이 많다. 그래서 힘든 것 같다. '먼 나라 이웃 나라'는 초등 고학년 학생들도 지루해하고 읽지 못하는 경우가 많다. 그래도 '먼 나라 이웃 나라'는 생소한 서양 문화에 대한 기초적인 이해를 하게 해준다.

학생들에게 독서 호흡, 독서 태도, 독서 근육 등과 같은 기본적인 능력을 키우기 위해서는 대부분의 만화는 바람직하지 않다고 개인적으로 생각한다.

〈지금 생각〉

6학년 1학기 초의 시점을 기준으로 줄글로 된 해리포터 전집 정도는 독서할 수 있는 소양이 있어야 한다. 이미 완독했어야 한다.

저학생 추천도서 : 해리포터 전권 그리고 그 외 필요한 책

해리포터의 장점 : 내용이 쉽다. 외국어 표현 몇 개 정도 빼면 글 문장에 어려운 단어가 별로 없다. (초한지, 삼국지는 어려운 고사성어들이 많이 있다. 그래서 도움이 되기도 한다.) 초한지, 삼국지에 비해 정서적으로 잔인한 내용이 적다.

해리포터는 줄 간격이 넓다. 그래서 페이지가 잘 넘어간다. 그래서 책의 권 수도 잘 넘어간다. 어린 학생들에게는 성취 욕구가 자극되기도 한다.

초1 또는 초2 겨울 방학 정도 되었을 때 자녀에게 부모가 함께 해리포터를 읽어 주기 시작하면, 1권의 반절도 되지 않아서 스스로

읽기 시작할 수 있다. 줄 글로 된 해리포터를 읽는다는 것은 줄글로 된 독서 도전을 거부감 없이 쉽게 받아들이게 한다. 독서의 줄 글을 완독하는 것은 성공의 경험이다.

나중에 'ㅇㅇ아! 너는 해리포터 23권도 읽었는데, ㅇㅇ은 쉽게 읽을 수 있어~' 이렇게 하면 도움이 많이 된다. 대부분의 책은 23권을 넘지 않는다.

〈지금 생각〉

집에서 자녀에게 독서를 시킬 때, 스스로 잘 읽으면 다행이지만, 잘 읽지 않을 경우의 해결 방법으로 경제적 보상이 좋다고 생각한다. 눈에 보이기 때문이다.

100쪽까지 읽으면 1,000원, 200쪽까지 읽으면 추가 1,000원 (+@), 300쪽까지 읽으면 추가 1,000(+@), 그래서 한 권을 다 읽으면 또 보상 5,000원 정도

이렇게 하면 생각보다 책을 잘 읽을 수 있다. 단계적 보상이 있어서 좋기도 하다.

초한지나 삼국지는 보통 1질 10권에 100,000원 정도 한다. 독서 보상금이 대략 100,000원 정도 된다. 책값은 원래 지출한 비용이고 추가로 100,000원이 드는 것이다. 100,000원으로 초한지나 삼국지 줄글 10권을 완독한 것은 독서 자체로도 좋은 경험이고 인생

에서도 좋은 경험이다.

　'독서나 공부를 하면 게임기를 사준다. 게임을 하게 해준다. 스마트폰을 사준다.' 등의 방법은 추천하지 않는다. 앞 문장을 잘 살펴보면 독서나 공부를 그냥 했는데 보상을 한다는 것이다. 바르게 잘 했을 때 보상을 줘야 한다. 결과는 좋지 않더라도, 최소한 바르게 열심히 했을 때 보상을 줘야 한다. 또한 보상이 보상한 후 상승 효과가 있어야 한다. 위에 예시된 예는 그렇지 못한 것 같다. 보상 즉시 하강 효과가 예상된다.

4. 영어 편

영어가 수능에서 중요한 과목임에도 불구하고 (수학은 그렇다 치더라도) 한자, 독서에 밀려 뒤에 위치시켰다. 영어는 과목의 특성상 사회에서 다양하게 소개되는 공부법이 많고, 자기의 스타일대로 다양하게 공부하는 사람도 많고, 다양하게 학습하는 학생도 많기 때문이다. 그리고 영어 공부에 대한 철학적 사유도 사람마다 다르고, 사람마다 접근법도 다르고, 사람마다 다양해서 사람에 따라 크게 도움이 되지 않을 수도 있기 때문이다. 그러나 꾸준함은 기본이다.

그래서 기본적이고 꼭 필요하다고 생각되는 것들을 언급하지만, 비법처럼 생각하지 않을 수 있다. 기본적인 것이 단순하면서도 진리가 되고, 모범 답안인 경우가 많다.

영어 공부의 방향을 분명히 해야 한다고 생각한다. 학창 시절의 시간이 한정되어 있으므로 수능 중심, 공부 중심, 수능 문제 풀이 중심으로 해야 한다고 생각한다. 그리고 시간이 남으면 소양을 쌓아야 한다. 동질 집단에서는 소양이 승패를 좌우하기 때문이다.

영어 회화를 소양으로 하는 것은 놓치는 것이 너무 많다. 영어는 어학 계통이라 아주 조금의 약간의 성과를 보려고 해도 많은 시간과 노력과 에너지가 들기 때문이다. 그렇게 열심히 해도 표시도 나지 않고, 원어민이 보면 우스운 수준이고, 발음도 이상하고, 잘못 배우면 사투리를 배우고, 영국식 영어는 경시하고, 가장 황당한 것은 그렇게 회화를 유창히 할 경우가 거의 없다는 것이다.

해외 여행을 다니면서도 영어를 사용하는 것이 생각보다 한정되어 있다. 그리고 영어를 사용해도 상점이나 호텔에서의 영어 정도이다. 버스만 타더라도 영어의 사용이 많이 한정된다. 이것을 위해 그 많은 시간과 노력과 에너지를 투자하는 것은 조금 그렇다. 그리고 영어권 국가보다는 비영어권(독일, 프랑스, 이탈리아, 스페인 등) 국가를 여행하는 것이 문화적 수준과 가성비를 따지면 훨씬 이익이다. 비영어권 국가의 문화 수준이 더 높을 수도 있다. 또 세계 공용어가 영어라고 하지만 내가 영어를 하고, 상대방이 영어를 해야 소통이 된다. 그런데 둘 다 영어를 잘하는 사람이 대화하는 경우는 생각보다 적다. (차라리 해외 관광지에서 한국 사람을 만나 한국어로 대화하는 경우가 더 많을 수도 있다.) 우리가 해외에서 접하는 영어 사용 환경은 그렇지 못하다. 비슷한 알파벳을 사용하는 스페인 커피숍(서브 웨이)에서 영어를 사용한다고 생각해보자. 외국인이 우리나라 커피숍(서브 웨이)에서 영어를 사용한다고 생각해보자. 생각보다 영어가 안통하는 것은 비슷하다. 이것은 시대가 변해서 확실하지 않다. 그러나 중요하다고 생각된다. 회화를 경시하는 것은 아니지만 그래도 현재의 의대 진학이라는 기본 관점에서는 회화는 조금은 가벼운 쪽에 위치한다.

당시 의대를 진학하려고 하는 학생의 어머니와 면담했던 장면이 떠오른다. 학교에서 영어를 지도하는 것이, 너무 힘들고 재미없게 지도한다는 느낌을 받았다. 그래서 어머니에게 '일상 생활에 필요한 회화(재미와 흥미가 있음 : 외국인을 만나면 간단한 의사소통 정도는 할 수 있는 수준 : 사실 이 정도 수준의 영어를 하려면 생각보다 많은 시간과 노력이 들어간다. 그 노력으로 소양을 넓히는 것이 개인적으로 더 좋다고 생각한다.)의 영어 공부와 전통적인 영어 단어, 문제 풀이 중심(딱딱하고 지루함)의 영어 공부 중에 어떤 것을 원하시냐?'고 질문했다. 어머니는 둘 다 원했다. 그러나 필자는 시간의 효용을 높이기 위해 후자를 선택한다고 했다. 어머니의 얼굴에서는 실망의 안색이 가득했다. 필자가 선택하는 공부법이 어머니 세대에서 했던 전통적이고, 성의 없어 보이는(사실 많은 성의와 노력이 들어간다.), 시대에 뒤 떨어지는 공부법으로 생각했기 때문일 것이다. 외국인을 만나면 도망가고, 발음도 이상하고 등 메스컴에서 나타나는 한국 영어 교육의 부작용을 생각하는 듯 했다.

아이러니 하지만 흥미 위주의 영어는 결국 흥미 위주다. 시험은 흥미가 아니다. 흥미 위주를 하면 할수록 시험과는 거리가 멀어질 수 밖에 없다고 생각한다. 시간과 노력과 에너지는 한정되어 있기 때문이다. 흥미 위주로 영어 실력을 키우려면 많은 시간과 노력과 에너지가 필요하다. 혹시 영어를 잘하게 되더라도 영어로만 좋은 대학을 진학하기는 어렵기 때문이다.

영어에 시간이 많이 투자될수록 다른 것을 하기 어렵다. 영어 공부에 시간이 많이 투자되기 때문에, 영어 공부와 꼭 필요한 주요 과목의 실력을 늘리기 위해 공부하는 것을 제외하면, 흔히 무시하는 소양과 같은 요소는 더 쌓기 힘들어진다. (잘못하면 영어 발음만 약간 좋은데 영어를 약간 조금 즐겁게 좋아 학생이 되어 버릴 수 있다. 발음은 좋은 듯 한데 시험은 못 본다. 단어는 모르는데 발음만 영어를 잘 하지 못하는 한국인의 입장에서 약간 좋다. 그것도 미국식 발음이다. 닥터를 독터로 발음하면 웃어버리는 편협된 영어를 구사한다. 이런 경우가 종종 발견된다.) 동질 집단에서는 소양과 같은 요소들의 힘이 절대적으로 작용할 수 있다.

아일 팔로 힘! (I will follow him!)
영어 노래 부르기 대회에 종종 등장한다. 흥미 위주의 영어를 하면 위 문장도 제대로 이해하지 못할 수 있다.

'You raise me up!'
이 노래도 영어 노래 부르기에 많이 등장한다. 이 노래를 부르면 예뻐 보인다. 아름다워 보인다. 잘해 보인다. 분명히 해야 한다. 정작 우리가 하려고 하는 것은 노래가 아니다. 음악이 아니다. (음악을 못하고, 노래를 못하면 영어를 못하는 것처럼 느껴진다.) 지금 중점을 두는 것은 수능에서 영어 점수이다. 영어에서 높은 점수를 얻어야 한다. 수능 영어에서 높은 점수를 획득해야 한다. 이게 끝이 아니다. 흔들림 없이 영어 과목 외에 다른 수능에서도 높은 점수를 얻어야 한다.

시간과 노력 그리고 사람의 에너지는 한정되어 있다. 한국 가요도 박자와 음정이 어려워서 힘들어 하고, 부끄러워 하는 학생들이 있는데 영어로 노래를 부른다는 것은 생각만 해도 끔찍하다.

영어 교육의 방향이 분명해야 한다. 영어를 잘하고, 영어에서 높은 점수를 얻고, 수능에서 영어점수를 잘 받는 것이라고 착각하는 경우가 많다. 목표가 분명해야 한다. 우리가 영어를 공부하는 것은 수능 전 과목을 잘 보는 것이다. 영어만 잘하는 것이 아니다. 영어 때문에 다른 과목을 놓치면 곤란하다.(최소량의 법칙을 기억하기 바란다.) 시간과 노력과 체력과 두뇌 에너지는 한정되어 있기 때문이다.

흥미 위주의 영어 공부는 결국 영어를 멀어지게 한다. 힘이 약하다. 흥미 위주의 영어는 보통은 쉽게 되는 듯 하다. 단순한 것들이기 때문이다. 이렇게 흥미 위주의 영어 공부를 해서 우수하기 위해서는 시간이 많이 필요하다. 챈트를 통한 즐거운 영어는 조금 그렇다. 우리가 국어를 배울 때 노래와 함께 단어를 공부하지 않기 때문이다.

흥미 위주의 영어로 영어를 잘 할 수는 있는 것처럼 보일 수는 있으나, 흥미 위주의 공부는 영어 과목을 포함한 다른 과목을 공부하기에는 부정적인 요인이 될 수 있다. 흥미만 있지 영어 시험을 못 볼 수도 있다. 공부가 재미있는 것이 아니기 때문이다. 공부의 관점에 대해서 불균형을 초래할 수 있다. 흥미 위주의 영어 공부는 시간이 많이 소요된다. 결국 다른 시험(기타 인생의 중요한 다른 요소)은 기회를 놓칠 수 있다.

둘 다 원한다. 둘 다 할 수 없다. 필자 지루하다고 생각되지만 전통적인 방식을 선택했다. 중요하고 꼭 필요하기 때문이다. 공부에서 바른 것과 기본적인 것과 기초적인 것은 생략하면 곤란하다. 사실 결코 지루하지도 않다. 시간도 절약할 수 있다. 노력도 절약할 수 있다. 에너지도 절약할 수 있다. 다른 것을 추가로 할 수 있다.

영어도 수학, 한자 등과 같이 정말 꾸준히 했다. 꾸준함은 인생의 모든 영역에서 정말 삶의 좋은 태도인 것 같다.

여기에 소개되는 방법은 단순해 보이지만 지방에서 고급 영어 과외 선생님의 비법들이 들어있다. 필자가 2명의 학생을 의대에 보냈다고 했을 때 그분은 10명도 넘게 의대에 보냈다고 했다.

그리고 '시골에서 6학년을 지도하면서 선생님(필자)이 만들어 준 저력과 실력은 그 학생들에게 의대에 진학할 수 있는 큰 힘이 되었다.'고 하였다. 이 말을 들었을 때는 정말 뿌듯했다.

- 단어 공부하며 외우기 : 당연한 것.

단어장을 구해서 꾸준히 외울 것 : 단어장은 출판사와 상관없이 단계에 따라 비슷한 수준이다.

자기가 계획을 세워서 좋다고 생각되는 단어장을 선택해서 공부하면 된다.

필자의 경우 초등학생에게 관련된 60일 영어 단어장을 꾸준히 공부하도록 하였다. 단어 수는 기본적으로 900개정도 되었다.

- 이렇게 공부한 영어 단어 어휘력은 중학교, 고등학교 공부에

기본 밑바탕이 되었다.

- 어휘력 때문에 중요한 순간에 어휘력 증가를 위해 따로 시간을 투자하지 않아도 된다. 이것이 중요하다.

- 어느 정도 익숙해지면 수능을 목표로 단어장을 선택해서 공부하면 된다.

60일 구성이었기에 나누면 된다. 필자는 2일 것을 외우게 한 것으로 기억한다. 매일 2일 것을 하여 10일 과정을 1주일에 끝낸다. 토요일 일요일은 복습한다. 그렇게 6주면 단어장 1권을 1번 공부한다. 이렇게 하고 다시 시작한다. 다시 2일 것을 하면 된다. 공부를 한 학생은 다음에는 학습에 부담이 적다. 이렇게 공부하면 결국 대부분의 단어를 외울 수 있게 된다. 두 번째에는 시간과 노력이 남아서 다른 것을 할 수도 있다. (두뇌 개발, 영어 문장, 수학, 한자 등) 성실히 했을 경우 12주면 초등 영단어가 마스터 된다. 그리고 다시 4일 또는 6일 것을 외우면 된다. 4일 또는 6일 이라고 하지만 이미 해서 모르는 것은 별로 없다. 6개씩 하면 10일 2주 작전이 되고, 10개씩 하면 6일 1주 작전이 된다. 이렇게 끊어서 하면 토요일 일요일에 모르는 단어를 확실히 할 수 있다.

이렇게 계획을 세워서 공부하는 것은, 영어 공부 뿐만아니라 **삶의 다른 영역에서도 계획을 세워서 진행하는 좋은 태도**가 된다.

매일 아침 소리 내어서 단어를 읽기도 했다. 단어를 알아도 입에서 자연스럽게 되지 않는 경우가 많기 때문이다.

중요한 것은 꾸준히 해야한다는 것이다.

이렇게 단어를 어느 정도 마스터하면 다음 단계의 단어장을 선택하면 된다. 중등 단어장, 또는 수능 단어장이다. 수능 영어를 목표로 한다. 이렇게 단어를 외우는 것은 영어에 대한 학습 부담을 줄여줘서 중고등학교에서 다른 과목에 시간을 투자할 수 있다. 또한 영어가 재미있어진다.

아이러니하다. 흥미없는 방식으로 하니 흥미가 생기고, 흥미있는 방식으로 공부하니 시험을 못보고, 다른 과목도 못한다는 것이.....

혹자는 영어는 단어 외우기만 없으면 정말 재미있는 과목이라고 한다. 1층 없이 2층을 건축하는 의미같다.

단어 외우기 프로젝트에서 중요한 것은 다음과 같다.

계획을 진행하면서 어제 못했으며 미루어서 오늘 하려고 하지 말고, 오늘에 해당하는 단어로 넘어 가야한다. 다시 반복을 위해서 그렇다. 어느 정도 시간이 지나면 단어 실력이 상승한다. 오늘 것을 내일로 미루면 계속 답보 상태가 될 수 있다. 꾸준한 싸이클을 만들기 위해서 이다.

대신 꾸준히 해야한다. 초등학교 6학년 1년을 매일 꾸준히 하면 초등학교를 졸업하기 전에 많은 단어를 알 수 있다. 그리고 나중에는 외워야 할 단어가 점점 줄어 들고, 단어 외우는 것에 부담이 줄어든다. 든든한 힘이 된다. 시간과 에너지에 여유가 생긴다.

　수능 영어 단어의 경우 나름대로의 자기에게 적합한 순환(사이클링)을 계획하면 된다. 목표를 수능으로 겨냥하고 단어장 등을 선택한다. 6학년 때 학생들에게 방법을 알려줬다. 중학교, 고등학교에서 영어 어휘력 때문에 힘들어 하지 않길 바래서이다. 한번 상승한 어휘력은 하락하기 힘들다.

　토요일, 일요일에 부족한 영어 단어 공부를 채울 수 있도록 계획한다. 학생들이 영어를 위해 투자하는 시간을 봐도 영어 학원 가기, 영어 학원에서 공부하기, 영어 학원 숙제하기, 개인 영어 공부하기 등 많은 시간을 투자하므로 미리 집중적으로 영어 단어를 외우는 것은 나쁘지 않다고 생각한다.

　나름대로의 사이클을 만든다. 힘들어 보이지만 하면 된다. 그날 영어 단어를 그날 하면 된다. 꾸준히 하면 된다. 6개월 정도 영어 단어를 외우면 사이클에 의해 반복되기 때문에 영어 단어 문제는 해결된다. 고등학교 3학년 학생에게 6개월은 매우 큰 시간이고 중요한 시간이지만 초등학교 6학년이나, 중학교 1학년 학생에게는 정말 많은 시간 중에 하나이다.

　사람마다 스타일이 있으니 선택하면 된다.

　이렇게 구분하여 계획을 세워서 공부하는 것도 정말 좋은 삶의 태도다. 영어에서의 구상력은 다른 과목, 다른 시험을 초월하여 삶의 다른 영역까지 효과가 나타날 수 있다.

흔히 학교에서 강조하는 프로젝트의 일환이 될 수 있는 것이다.

〈지금 생각〉

유명한 학원에서도 영어 단어를 꾸준히 외우게 한다. 어떻게 보면 학원에서 영어 공부를 하는 것과 비슷하지만, 다르게 보면 영어 단어 공부 관리를 해주는 것과 비슷하다. 결국 영어 단어 싸움이다. 학원에서는 이를 간파하고 영어 단어 외우기를 시키는 것이다. 그런데 학교에서 영어 단어 외우기를 하면 재미없다고 한다.

고급 영어 과외 선생님께 비법을 물어봤다. 물론 비법을 확실히 알려주지는 않았지만 영어 단어는 꼭 외워야 한다고 했다.

영어 단어 외우기는 꾸준히 하기 어려워서이지 정말 중요하다.

영어 공부를 할 때 필요한 어휘를 알기 위해서 사전과 전자사전의 선택 고민을 하였다. 스마트폰은 논외이다. 영어를 공부하는데 사전 하나 정도는 필요할 것 같아서 고민한 것이다. 고급 영어 과외 선생님에게 조언을 구했더니, 제3의 방법인 영어 단어장 공부를 추천했다. 원하는 시험에 적합한 영어 단어장을 선택해서 외우면 된다는 것이다. 어떤 것을 선택할지 고민하면 된다.

〈지금 생각〉

 학생들에게는 수능을 보는 학생들에게 필요한 수준인 수능 영어 단어장이 좋다는 생각을 했다. 수능에 적합하고 필요한 예문들이 나오기 때문이다. 전자기기는 멀어질수록 좋다는 생각이 든다.

 학생들을 지도하고 6년이 지난 지금 이렇게 영어 단어장을 선택하여 영어 공부를 하는 것은 지방에서 의대를 10명 이상 보낸 영어로 저명한 과외 선생님께 들은 영어 단어 공부법이다. 그런데 영어 단어장 공부는 필자가 7년 전에도 하고 있었다니 나름 기분이 좋았다.

 그리고 필자가 7년 전(2021년 기준)에 꾸준히 한 것이 힘이 되어 2명의 제자가 의대에 진학할 수 있는 공부를 버틴, 6년을 이겨낸 저력을 되었다고 생각한다.

필자와 학생은 정말 꾸준히 매일 하였다.
 수학, 한자, 영어, 바둑 등은 실력과 더불어 공부의 태도, 삶의 태도 등을 나타내는 저력이 된다.

 - 발음 기호 외우기
 발음 기호는 파닉스의 보급에 따라 많이 소원해진 공부법이다. 그래도 이렇게 언급하는 것은 이미 영어 단어를 잘 알고 있는 어느 수준이 되는 학생에게는 특별한 어려움, 특별한 노력이 필요하지 않기 때문이다. 특별한 노력이 없지만 결과는 엄청나게 크다.

고급 영어 과외 선생님이 발음 기호를 꼭 공부시킨다고 했다. 그분의 말을 인용하면 영어를 잘하는 학생이 영어 단어는 알고 있고 읽을 수도 있는데 어딘가 어색함이 있다는 것이다. 이유는 발음 기호를 모르고 파닉스로 공부하기 때문이라는 결론을 얻었다고 했다.

〈지금 생각〉

발음 기호를 가르치는 것이 비법 중에 하나라고 했다.

처음에 발음 기호를 배우는 것은 귀찮아 보이지만, 공부를 잘하는 학생들에게는 이미 알고 있는 것을 정리하는 수준으로 가벼운 일이다.

그러나 발음 기호를 알고 모르고는 큰 차이이며, 특히 높은 학업 성취를 가진 학생들 사이에서는 결정적인 차이가 될 수 있다. 여기에서 파생되는 다른 장점들의 크기가 커지기 때문이다.

발음 기호를 공부하는 것에 대한 거부감이 들 수도 있다. 이것은 태도를 바꿔야 한다. 어렵지도 않은 것이다. 귀찮아하는 것이다. 이런 것을 거부하는 것은 삶의 마이너스 적인 요소이다. 그리고 직감적으로 도움이 되는 것을 알아야 하고, 해야한다는 것을 알아야 한다.

- 직독 직해 관련 문장 공부하기 :

이때 선택한 교재는 신사고 팝콘 잉글리쉬(중학교 1학년 수준)이다. 지금은 사라진 것 같다. 그 당시에 끊어 읽기와 거기에 따른 독해가 있는, 녹음 mp3 파일이 있는, 거의 서점에서 찾아볼 수 있는 유일한 책이었다고 기억된다. 그래서 어쩔 수 없이 선택하였다. 6학년 수준이면 충분히 가능하였다. 매일 단어를 공부했기 때문에 이미 어휘력이 뒷받침 되었다.

- 수능을 대비한 독해력 훈련으로 직독 직해 연습 실시

- 매일 5분 이상 소리 내어 듣고 읽도록 하였다. 문장을 듣고 따라 읽었다. 읽는 모습만 봐도 대강의 학업성취율을 알 수 있다.(이것은 수학 문장제 문제해결과정에서도 마찬가지이다. 훈련의 결과인 것이다.) 학교에서 함께한 것은 학생들이 소인수 학급이라서 가능할 수도 있다.

소리내어 읽는 것은 부수적인이지만 큰 장점이 있다.

이것은 영어 뿐만 아니라, 국어, 한자 등의 어학에서도 좋은 공부법이며, 수학 공부에서도 좋다. 수학을 혼자 해결할 때 소리내어 있는 것은 문장제 문제의 해결력을 높이는 좋은 방법이다.

학교에서 학생들이 문제를 질문했을 때, 선생님 앞에서 혼자 다시 문제를 보는 경우에 바로 스스로 해결하는 과정도 있고, 소리내어 읽는 과정에 해결하는 경우도 있고, 선생님이 읽어주는 과정에

서 그냥 해결되는 경우도 많다.

소리 내어 읽으면서 중요부분을 채크할 수도 있다.

이것은 읽기가 중요하다는 것을 의미한다. 읽기와 소리내어 읽기가 또 다른 자아를 스스로 학습시키는 결과가 있다. 소리내어 읽는 다는 것은 뇌를 자극하기도 하고 자신감을 키우며, 당당하게 연설하는 것의 기본 연습이 된다.

적절하게 적당한 위치에서 끊어 읽는 것은 모든 과목에서 중요하다. (그리고 수학의 문장제 문제에서는 정말 중요하다.)

소리 내어 읽는 것은 자신감, 태도, 말하기, 발음 훈련 등 공부, 생활 등 여러 영역에서 장점이 있다. 소리내어 읽기는 영어, 국어, 수학에 강점이 있다. 한자도 마찬가지이다. 그래서 옛 서당에서 소리내어 읽는 것을 시킨 것 같다. 조심씩 시간을 가지고 꾸준히 해야한다. 특히 적정한 곳에서 끊어 읽는 것은 중요하다. 스스로 익숙해지면, 감각적인 것이 되어 자신도 모르게, 이유도 모르게 자신의 실력이 되고 강점이 된다.

- 명연설문 읽기. 가능하면 영국식 영어로 듣고 따라 읽기.

이렇게 명연설문을 소리 내어 읽는 것은 좋은 문장의 직감적 획득, 자신감, 태도, 발음, 등 장점이 있다.

외국인이 한글을 공부할 때 병아리(표준어)를 삥아리(사투리)로 배우면 동일하게 투입되었던 노력이 아까워 보인다.

　어느 노 교수의 말이 생각난다. '닥터 노 독터!' 극단적인 표현같다.

　영국식 영어는 국제 회의 등에서 강점이 있다. 상류 사회에서 효과가 높다. 이것은 공부의 방향만 바꾸어 주는 것이다. 혹자는 영어만 잘하면 되지~~ 하는 사람이 있을 수도 있다. 미세한 차이가 여기서 발생하지만 결과의 크기는 클 수도 있다. 투입한 노력은 별로 차이가 없기 때문이다.

　- 기본 문법 공부하기 : 수능에 필요한 수준까지만 하면 된다.

　- 처음 영어 쓰기 공책 선택 : 초등학교라고 해서 초등학생용을 선택하면 곤란하다. 초등학생용 영어 공책은 줄 사이가 너무 넓다. 영어의 높이에 따른 변화에 맞추어 영어를 쓸 수 있다. 한글에 비하면 정말 단순하다. 중학교 영어 공책을 선택하고, 그리고 일반적인 줄 공책도 병행하면 좋다.

요약

전략 세우기

단어

단어장

발음기호

소리내어 읽기

문장 공부하기

끊어서 읽기

기본 문법

노트 선택

5. 국사, 사회, 과학 편

필요개념 외우기 : 문제집을 통합 개념 정리 필요

국사, 사회, 과학은 간단히 정리했다. 기본적으로 외워야 할 것이 많기 때문이다. 국사, 사회, 과학이 어렵다고 하는 학생들을 지도하다보면, 기본적인 것을 하지 않고 어렵다고 하는 경우가 많다. 문제집에 나오는 요점 정리 정도만 외워도 훨씬 효과가 좋다. 어렵다고 하는 학생들 대부분은 외우는 것은 고사하고 요점 정리 공부조차도 하지 않는 경우가 많다.

문제집을 풀면 채점은 스스로 해야 한다. 채점이 단순히 맞고 틀리고를 기계적으로 하는 것이 아니라는 것은 당연하다. 사실 주위를 살펴보면 채점은 그냥 맞고 틀리고를 점검하는 것으로 생각하는 사람들이 많다. 그래서 채점에 대한 간단한 생각을 적었다.

* 스스로 채점하는 것에 대한 소고 : 개인적 생각

  스스로 채점하는 과정이 중요하다. 초등학교에서 보면 채점을 부모나 교사가 하는 경우가 많다. 부모나 교사가 공부 중에서 가장 중요한 영역 중의 하나를 대신 하는 것이다. 가장 중요한 피드백(문제에 대한 감각, 느낌, 공부할 때 중요한 것 감각적 파악, 틀렸을 때의 괴로움, 맞았을 때의 기쁨, 1개만 더 맞으면 다 맞는데, 이 쉬운 걸 틀렸어, 아차! 실수, 또 틀렸네, 지난 번 비슷한게 어려웠는데, 등)을 부모나 교사가 가져가는 것이다.

  그래서 공부에 관한 습관도 나빠진다. '왜 내가 채점을 해야해요?', '귀 찮아요!', '재미 없어요.', '다 했는데요!' 등의 반응이 나온다. 심지어는 문제집을 찍어서 해결하고 다 했다고 하는 학생도 봤다. 초등 저학년은 채점을 해줄 수도 있다. 경계를 잘 정해야한다. 초등 저학년 과정에서 채점해주는 것에 길들여진 나쁜 습관은 고학년에서 크게 나쁘게 작용한다. 위에 언급된 표현을 하는 정도면 공부를 조금 잘 하는 학생이다. 거기 까지이다. 조금 잘하는 정도.... 그러나, 태도를 배우지 못했다. 이러한 태도를 가지고는 큰 공부는 하기 힘들다. 안타까운 이야기이지만 태도가 습관이 되었다. 습관은 고치기 힘들다. 잘못된 습관을 고치기 위한 기회비용은 너무 크다. 간단하게 생각한 채점이지만, 여기에서 부터 큰 차이가 발생하는 것이다. 실력보다는 태도가 어긋났다.
  그리고 실력도 늘지 않는다. 자신에 대해서 피드백하는 과정이 생략되었기 때문이다. 아는 것 95%를 계속 공부하는 것은 의미없다. 5%의 모르는 것을 공부하고 알아야 100%가 된다.

여기까지 읽었다면, 미세한 차이가 동질 집단에서는 얼마나 큰 차이를 만드는지 느꼈을 것이다.

* 맺음말

〈탁바위! 탁월함에 이르는 바른 연필잡기의 위대한 힘!
                - 실제 공부편〉

의대를 보내기 위해
시골 초등학교 6학년 1년의 생활을 적었다.
비록 1년이지만 이후 6년을 버틸 수 있는
실력과 저력을 만들기 위해
지식, 자세, 체력, 태도 등을 키우기 위해
다양하게 노력한 것이다.

이 글을 읽고 비판하려고 하는 것보다는
좋은 점을 골라 선택하여
발전의 기회로 삼았으면 좋겠다.

바른 연필잡기는 단순한 연필잡기가 아니다. 학창 시절과 인생의
삶의 태도를 대표하는 지식, 자세(건강), 인성(의지, 태도)에 임하는
기본 자세를 의미한다.

바른 연필잡기 하는 것은 호흡이며, 습관이다. 호흡은 자연스러운 것이다. 호흡을 위해 특별한 노력을 하지 않는다. 습관이 원하는 시점에 나오지 않는다.

바른 자세를 가지는 것은 인생의 태도이다.

바른 것은 해야만 한다. 특히 습관이 되는 것은 더 중요하다.

한번 해놓으면 큰 노력 없이 평생을 함께 하기 때문이다.

평생의 좋은 반려자이며, 평생의 좋은 치트키이다.

〈반대로 습관이 되는 것을 해놓지 못하면..........

계속해서 인생의 발목을 잡는 일이다.〉

바른 것은 공부를 잘하는 학생에게,

쉽게 오래 잘할 수 있는 비법이다.

흔히 말하는 **공부의 날개**인 것이다.

'탁바위 : 탁월함에 이르는 바른 연필잡기의 위대한 힘!'을 집필하고 있는 중이다. 이론편, 실제편, 실제 공부편의 순서로 구상하고 있었다.

이론편과 실제편을 먼저 시작했으나, 개인적인 사정으로 집필 순서를 변경하여 '탁바위 : 탁월함에 이르는 바른 연필잡기의 위대한 힘! - 실제 공부편'을 먼저 집필했다.

名人(명인)이라고 한 이유 :

필자는 눈(雪)을 좋아한다. 바둑을 좋아한다. (한국기원 공인 아마 1단이다.) 눈은 영화, 문학 작품 등에서 많이 사용된다. 바둑은 그렇지는 못한 것 같다. 눈에 관련해서 **설국(雪國)**이라는 제목으로 써서 노벨 문학상을 받은 사람이 있다. 일본인 작가 천단 강성(가와바타 야스나리:川端 康成)이다.

소설 설국의 처음 도입은 매우 인상적이었다.

"국경의 긴 터널을 빠져나오자, 눈의 고향이었다." 많은 여운을 주는 시작이다.

평화롭고, 아름다운, 광활한 설원이 눈 앞에 펼쳐지는 것 같다.

노벨 문학상을 받은 작가 천단 강성(가와바타 야스나리:川端 康成)이 바둑에 관한 소설도 섰다. 바둑에 관한 소설이 몇 개 있지만, 노벨 문학상을 받은 작가의 시점으로 좋아하는 **바둑에 관한 소설을 섰다고 하니 관심이 갔다. 그 바둑 소설의 제목이 名人(명인)이다.**

雪國, 名人 좋은 표현이다. 그래서 필명을 **名人**으로 했다. 바른 연필잡기를 더 연구해서 세계 최고의 바른 연필잡기 명인이 되고 싶다는 각오가 담겨있다. 영문은 **The Meister**이다.

雪國은 영화 기생충으로 아카데미 상을 받은 봉준호 영화 감독과 송광호 배우가 설국열차를 통해서 많이 알렸다. 그리고 코로나19가 기승을 부리는 2020년 여름 설국열차가 넷플릭스 채널을 통해 드라마로 다시 재탄생되었다.

<u>伯樂(백락)이라고 한 이유 :</u>

　중국 춘추시대, 하루에 천리를 간다는 명마(천리마)를 잘 알아보고 훈련하는 사람을 伯樂(백락)이라고 한다. 伯樂一顧(백락일고)라는 고사성어도 있다.

　젊은 시절, 한 반의 학생수가 5~6명 정도로 학생수가 적은 시골 학교에서 열정과 노력으로 지도했던 시절의 제자 2명이, 2021학년도 대학입학 수능에서 대한민국 최고의 실력을 가진 학생들이 지원한다고 하는 의대에 합격했다.

　<u>의대 합격을 기념하기 위해 伯樂(백락)</u>을 필명에 추가하였다.

　백락은 중국 당(唐)을 대표하는 문장가, 정치가, 사상가이며 당송 8대가(唐宋 八大家)중의 한 사람인 한유(韓愈)가 쓴 잡설 제4수에 극찬되어 있다.

　世有伯樂, 然後有千里馬. : '세유백락, 연후유천리마 : 세상에 백락이 있은 후에야 천리마가 있다.' 라는 내용이다. '천리마는 항상 있지만, 백락은 늘 있는 것은 아니다.'의 내용으로 이어진다.

시골학교 교사 시골학교 학생 의대 보내기 탁바위 : 실제 공부편 탁
월함에 이르는 바른 연필잡기의 위대한 힘! TBW! 대입 수능 공부 바
른 자세 태도

발 행 | 2021년 06월 04일
저 자 | 오영식
펴낸이 | 한건희
펴낸곳 | 주식회사 부크크
출판사등록 | 2014.07.15.(제2014-16호)
주 소 | 서울특별시 금천구 가산디지털1로 119 SK트윈타워 A동 305호
전 화 | 1670-8316
이메일 | info@bookk.co.kr

ISBN | 979-11-372-4712-3

www.bookk.co.kr